初級中国語

改訂版

講読編

～自分のことばで表現する中国語～

奥村佳代子・塩山正純・張軼欧

KINSEIDO

はじめに

わたしたち三人が執筆に参加した前作『中国語への道—近きより遠きへ—』の初版から十年、その改訂版からも５年、語学教育をとりまく環境も変化し、従来のテキストでは授業がしにくいところも大学などでは増えてきました。そこで前作の会話も講読もやる、という基本的な考えを分冊という形で活かして『初級中国語 会話編 自分のことばで話す中国語』『初級中国語 講読編 自分のことばで表現する中国語』という二冊のテキストを作ることになりました。

前作『中国語への道』のスタートを振り返ってみます。近代の外国人による外国人のための中国語教科書の最高峰といわれるイギリス人トーマス・フランシス・ウェードの『語言自邇集』という伝説的な一冊がありますが、わたしたちはそこに一歩でも近づきたいという気持ちで儒教の経書『中庸』の一節「君子の道は、たとえば遠きに行くは必ず邇き自りするが如く、たとえば高きに登るは必ず卑き自りするが如し。」から「—近きより遠きへ—」という副題をつけました。また、第二次世界大戦前の上海には東亜同文書院大学という中国をフィールドに活躍する人材の育成を目的とした「日本の」大学があって、中国語の学習には『華語萃編』という非常に大部なテキストが使われていました。いまの大学生と変わらない年齢の日本人が実際にそうしたテキストで勉強した歴史があることも、中国語を学習する皆さんには知っておいて欲しいと思います。

前作は各課に会話文と閲読の短文がある欲張りな構成でした。本テキストはコンパクトさを目指して分冊はしましたが、質と量が将来的な評価にも耐えうるようなテキストを、という考えは変えていません。というのも、中国語は日本語と同じく漢字を使用する言語ゆえに、取っ付き易い外国語ではあるけれども、決して易しい外国語ではなく、ゴール迄に要する努力は外の外国語と同じだからです。ただ取っ付き易さを活かさない手はありませんから、随所で学習者が興味を保てるような工夫はしています。

近代にまでさかのぼらずとも、三人の著者が学んだ時代と現在とでは日本での「中国語」あるいは「中国語学習」を取り巻く環境も随分と変わっています。当時は国内ではまだまだ中国のひとは珍しく、学習者の中国語学習の動機も「中国を知りたい」に直結していました。それが今では国内で中国のひとと交流できる機会のあることが当たり前になり、中国でも雑誌『知日』や『在日本』の人気に象徴されるように、自分の視点で日本を知りたい、もっと日本を体験したいというひとが飛躍的に増えています。中国語をやるのならまず中国のことを理解すべきという考えかたもあるでしょうが、すぐに国内で中国語でのコミュニケーションの機会があるならば、まずはそこからスタートして、そのさきの「中国を知りたい」につなげ、さらには中国にも出かけて自分自身の目で見た中国理解につなげるのも一つのあり方ではないかと思います。

それには自分の考えを中国語で表現する発信と、中国人が中国語で考えたり話したりすることを理解する受信の両方が必須です。学習者にはどちらか一方ではなくて、中国語で書かれたり、話されたりしたことを理解できる能力と、自分の考えたことを中国語で発信できる能力を同時に身につけるスタンスで勉強して欲しいと思うのです。

本テキストは、まず発音編３課と、数の表現を学ぶ１課、そこから会話或は講読の本文と文法ポイント、練習問題からなる本文編の10課からなる全14課という構成です。本書の特徴は、各課の学習を通して「なにを表現できるようになるか」という目標を設定したこと、本文とポイントの学習事項をたしかめる検定スタイルの練習問題をつけたこと、さらに巻末に実際のコミュニケーションを想定した会話や自己紹介ユニットをそなえた実践的なドリルもつけたことです。練習問題やドリルは本文と自由に組み合わせて、各自のスタイルで学習できるようレイアウトしています。また、会話編、講読編を併用するとより効果的な学習ができるように内容はリンクさせています。

本書のサブタイトル「自分のことばで」には、将来中国語を話したり使ったりすることのできる日本人が少しでも増えてほしいという願いを込めています。どの言語であれ、自分の気持ちや考えのないことばはひとに届かないでしょう。ひとに届くことばを発するためには、自分のなかにことばがなくてはなりません。「自分のことばで」話し、表現するために、できるだけたくさんの「ことば…中国語」を蓄えてください。

本書は金星堂の川井義大さんの全面的なサポートのもとに完成しました。ここに感謝の気持ちを表します。

このテキストを授業で使用くださる先生方には内容について忌憚の無いご批判をお願いすると同時に、学習者の皆さんには、このテキストを通して中国語の基礎をしっかり身につけてもらえることと期待しています。

2016年9月　著者

本テキストには、単語表の語に品詞を付記しています。文法の理解に役立てていただければ幸いです。『現代漢語詞典第6版』を基準に、日本で現在用いられている中国語辞書の記述も参考にしています。

【本テキストの品詞名表示法】

名	名詞	助動	助動詞	量	量詞	動	動詞	助	助詞
感	感嘆詞	形	形容詞	介	介詞	数	数詞	副	副詞
接	接続詞	接辞	接頭辞・接尾辞			代	代名詞（人称・指示・疑問）		

音声ファイル無料ダウンロード

http://www.kinsei-do.co.jp/download/0730

この教科書で DL 00 の表示がある箇所の音声は、上記 URL または QR コードにて無料でダウンロードできます。自習用音声としてご活用ください。

▶ PC からのダウンロードをお勧めします。スマートフォンなどでダウンロードされる場合は、**ダウンロード前に「解凍アプリ」をインストール**してください。
▶ URL は、**検索ボックスではなくアドレスバー（URL 表示覧）**に入力してください。
▶ お使いのネットワーク環境によっては、ダウンロードできない場合があります。

CD 00　左記の表示がある箇所の音声は、**教室用 CD** に収録されています。

目 次

第一课
Dì yī kè

はじめの一歩

発音編 1 ― 声調と韻母(母音)

◆ 声調 … 四声

DL 01
CD 01

mā	má	mǎ	mà
高く平らに	一気に尻上がり	低く抑える	一気に高から低へ
第1声	第2声	第3声	第4声

◆ 中国語の音節=声母+韻母+声調

※声母とは子音、韻母とは母音です。

mā ＝m＋a＋第一声 …… 妈（お母さん、母親）

má ＝m＋a＋第二声 …… 麻（麻、しびれる）

mǎ ＝m＋a＋第三声 …… 马（馬）

mà ＝m＋a＋第四声 …… 骂（ののしる、叱る）

1 次の音を発音しましょう。

DL 02
CD 02

① mā má mǎ mà　　② mà mǎ má mā

③ mǎ má mà mā　　④ mā mǎ mà má

2 発音された方を選びましょう。

DL 03
CD 03

① mā mà　　② mǎ má　　③ mà mǎ　　④ má mā

◆ 韻母 1 (単母音)

DL 04
CD 04

a　　o　　e　　i(yi)　　u(wu)　　ü(yu)　　er

※（　）内の表記は前に子音がないときのつづりです。

1 次の音を発音しましょう。

DL 05
CD 05

① ā á ǎ à　　② ō ó ǒ ò　　③ ē é ě è　　④ yī yí yǐ yì

⑤ wū wú wǔ wù　　⑥ yū yú yǔ yù　　⑦ ēr ér ěr èr

2 発音された順番に番号をふりましょう。　DL 06　CD 06

(　　　) yī（一 / 1）　(　　　) wǔ（五 / 5）

(　　　) yú（鱼 / 魚）　(　　　) èr（二 / 2）

◆ 韻母 2（複母音）

DL 07　CD 07

ai	ei	ao	ou	
ia (ya)	ie (ye)	ua (wa)	uo (wo)	üe (yue)
iao (yao)	iou (you)	uai (wai)	uei (wei)	

※（　）内の表記は前に子音がないときのつづりです。

☞ 声調符号の付け方

1. 母音の上に付けます。　ā　yí　wǔ　tè
2. a があれば a の上に。　ài　māo　piào
3. a がなければ o か e の上に。　dōu　duō　gěi　yuè
4. i と u が並べば後の方に。　diū　duì

a>o か e（o と e は並ばないので安心）> i か u（i と u が並べば後の方に）

1 次の音を発音しましょう。　DL 08　CD 08

① āi　ái　ǎi　ài　　ēi　éi　ěi　èi　　āo　áo　ǎo　ào　　ōu　óu　ǒu　òu

② yā　yá　yǎ　yà　　yē　yé　yě　yè　　wā　wá　wǎ　wà　　wō　wó　wǒ　wò
　yuē　yué　yuě　yuè

③ yāo　yáo　yǎo　yào　　yōu　yóu　yǒu　yòu　　wāi　wái　wǎi　wài　　wēi　wéi　wěi　wèi

2 発音を聞いて声調符号を書きましょう。　DL 09　CD 09

① ei（欸 / あれ？、ねえ）　② yao（要 / 要る、必要である）

③ you（有 / 持っている、ある、いる）　④ ye（也 / ～も、また）

⑤ wo（我 / わたし）　⑥ yue（月 / ～月）

3 発音して覚えましょう。　DL 10　CD 10

yīyuè（一月 / 1月）　èryuè（二月 / 2月）　wǔyuè（五月 / 5月）

第二课
Dì èr kè

つぎの一歩
発音編 2 — 声母（子音）と鼻母音

◆ 声母 1（唇音・舌尖音・舌根音）

DL 11
CD 11

	無気音	有気音		
唇音	b (o)	p (o)	m (o)	f (o)
舌尖音	d (e)	t (e)	n (e)	l (e)
舌根音	g (e)	k (e)	h (e)	

1 次の音を発音しましょう。

DL 12
CD 12

① bā pá mǎ fà　② bēi péi běi pèi　③ biǎo piào méi fèi
④ dé tā nǎ lè　⑤ duì tài nǚ liè　⑥ guì kāi huǒ liáo

2 発音された順番に番号をふりましょう。

DL 13
CD 13

(1) (　　) pà（怕 / 恐れる）　(　　) bā（八 / 8）　(　　) tā（他 / 彼）
(　　) dà（大 / 大きい）　(　　) nǐ（你 / あなた）

(2) (　　) mǎi（买 / 買う）　(　　) kāi（开 / 開ける、つける）　(　　) liù（六 / 6）
(　　) māo（猫 / ねこ）　(　　) lèi（累 / 疲れている）

(3) (　　) duō（多 / 多い）　(　　) dōu（都 / すべて）　(　　) gǒu（狗 / いぬ）
(　　) duì（对 / はい、正しい）　(　　) guì（贵 / 値段が高い）

3 発音して覚えましょう。

DL 14
CD 14

Wǒ pà māo.（我 怕 猫。/ わたしは猫が怖い。）
Tā pà gǒu.（他 怕 狗。/ 彼は犬が怖い。）

◆ 声母 2（舌面音・そり舌音・舌歯音）

DL 15
CD 15

	無気音	有気音		
舌面音	j (i)	q (i)	x (i)	
そり舌音	zh (i)	ch (i)	sh (i)	r (i)
舌歯音	z (i)	c (i)	s (i)	

1 次の音を発音しましょう。

DL 16
CD 16

① jī qí xǐ qì　② zì cí sì zǐ　③ zì zū cì cù sī sú
④ zhǐ chī shí rì　⑤ zhè chē shé rè　⑥ jiǔ qiú xiū
⑦ jué què xué

2 発音された順番に番号をふりましょう。

DL 17 CD 17

(1) (　　　) chī (吃／食べる)　(　　　) shí (十／10)　(　　　) xué (学／学ぶ)
(　　　) chē (车／くるま)　(　　　) jiǔ (九／9)

(2) (　　　) qī (七／7)　(　　　) cí (词／単語)　(　　　) zì (字／字)
(　　　) sì (四／4)　(　　　) qù (去／行く)

3 発音して覚えましょう。

DL 18 CD 18

Tā xué zì.　(他 学 字。／彼は字を学びます。)
Wǒ kāi chē.　(我 开 车。／わたしは車を運転します。)

◆ 韻母 3（鼻母音）

DL 19 CD 19

an	en	ang	eng	ong
ian (yan)	in (yin)	iang (yang)	ing (ying)	iong (yong)
uan (wan)	uen (wen)	uang (wang)	ueng (weng)	
üan (yuan)	ün (yun)			

※（ ）内の表記は前に子音がないときのつづりです。

1 次の音を発音しましょう。

DL 20 CD 20

① bān — bāng　② pén — péng　③ xián — xiǎng　④ xīn—xīng
⑤ huān — huáng　⑥ juān — quán — xuǎn　⑦ jūn — jiōng — qióng — qún

2 発音された順番に番号をふりましょう。

DL 21 CD 21

(1) (　　　) sān (三／3)　(　　　) shān (山／山)

(2) (　　　) fēn (分／分)　(　　　) hěn (很／とても)

(3) (　　　) qián (钱／お金)　(　　　) qiáng (墙／壁)

(4) (　　　) cūn (村／村)　(　　　) kùn (困／眠たい)

(5) (　　　) màn (慢／ゆっくりである)　(　　　) máng (忙／忙しい)

3 発音して覚えましょう。

Wǒ xìng Lín.　(我 姓 林。／わたしは林といいます。)
Tā hěn máng.　(他 很 忙。／彼はとても忙しい。)

第三课
Dì sān kè

そのつぎの一歩

発音編 3 — 軽声と声調変化

◆ 軽声

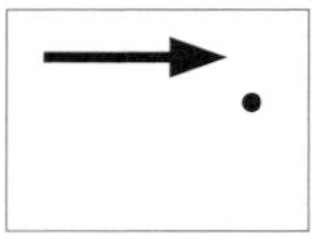
⑴ 第 1 声＋軽声

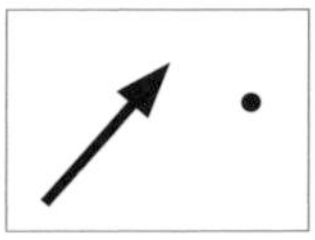
⑵ 第 2 声＋軽声

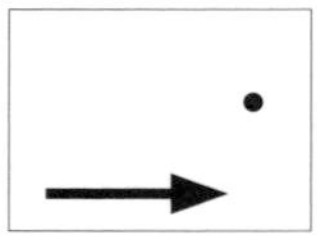
⑶ 第 3 声＋軽声

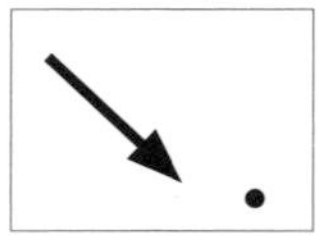
⑷ 第 4 声＋軽声

1 発音を聞き、軽声に気をつけながら練習しましょう。

DL 22
CD 22

⑴ **māma**（妈妈 / お母さん）　**gēge**（哥哥 / お兄さん）

⑵ **yéye**（爷爷 /（父方の）おじいさん）

⑶ **nǎinai**（奶奶 /（父方の）おばあさん）　**jiějie**（姐姐 / お姉さん）

⑷ **bàba**（爸爸 / お父さん）　**mèimei**（妹妹 / 妹）

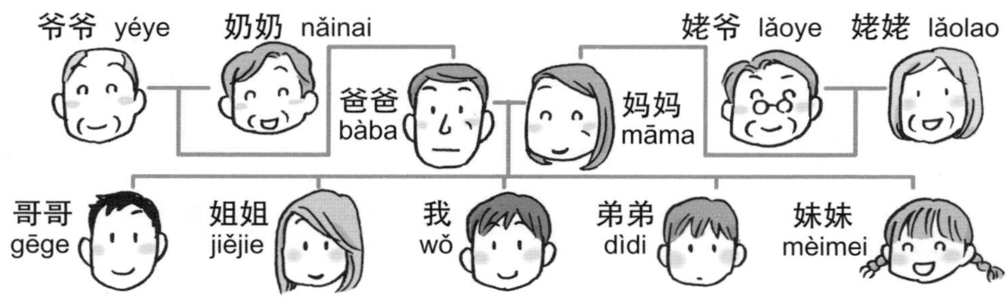

2 軽声に気をつけて発音しましょう。

DL 23
CD 23

⑴ **yīfu**（衣服 / 服）　⑵ **xuésheng**（学生 / 学生、生徒）

⑶ **ěrduo**（耳朵 / 耳）　⑷ **dàifu**（大夫 / 医師）

> ☞ **"iou" と "uei" と "uen"**
>
> 韻母の "iou" "uei" "uen" が声母と結びついた時、ピンインではそれぞれ "-iu" "-ui" "-un" と表記します。例えば "iou" が "d" と結びついたら "diu"、"uei" が "g" と結びついたら "gui"、"uen" が "k" と結びついたら "kun" と表記します。

◆ 不 と 一 の声調変化

DL 24
CD 24

"不" は単独では第 4 声 "bù"

声調変化 → bù chī（不吃）　bù máng（不忙）　bù hǎo（不好）　bú qù（不去）

※ "不" の後ろに第 4 声がきた場合のみ第 2 声になり、それ以外はすべて第 4 声のままです。

"一"は単独では"yī"、順序を表すものも"yī"。

yī yuè（一月） dì yī（第一）

声調変化 → yì tiān（一天） yì nián（一年） yì mǐ（一米） yí kuài（一块）

※"一"の後ろに第4声がきた場合のみ第2声になり、それ以外はすべて第4声です。

◆ 第3声の連続

DL 25 CD 25

低い音調である第3声が連続する場合は、連続を避け、前の音を第2声で発音し、「第2声＋第3声」の組み合わせで発音されます。ただし、声調符号は第3声のままです。次の中国語は、「第2声＋第3声」「第2声（または第3声）＋第2声＋第3声」で発音されます。

Nǐ hǎo!（你 好！／こんにちは。） Wǒ mǎi bǐ.（我 买 笔。／わたしはペンを買う。）

◆ r化

DL 26 CD 26

huār（花儿／花） shìr（事儿／事、用事） wánr（玩儿／遊ぶ）

DL 27 CD 27

1 発音して覚えましょう。

yí ge háizi	liǎng tiáo lù	sān bǎ yǐzi	sì zhāng piào	wǔ shuāng kuàizi
一个孩子	两条路	三把椅子	四张票	五双筷子
1人の子ども	2本の道	3脚の椅子	4枚のチケット	5膳の箸
liù zhī māo	qī ge běnzi	bā běn shū	jiǔ zhāng zhuōzi	shí bēi chá
六只猫	七个本子	八本书	九张桌子	十杯茶
6匹の猫	7冊のノート	8冊の本	9脚の机	10杯のお茶

2 自分の名前を言いましょう。（名前の聞き方、答え方）

DL 28 CD 28

您 贵姓？	我 姓 林。
Nín guìxìng?	Wǒ xìng Lín.
お名前はなんとおっしゃいますか。	わたしは林といいます。
你 叫 什么 名字？	我 叫 林 玲。
Nǐ jiào shénme míngzi?	Wǒ jiào Lín Líng.
何という名前ですか。	わたしは林玲といいます。

3 隣の人とお互いの名前を尋ねましょう。

第四课 Dì sì kè

さらなる一歩
数の言い方と数を使う表現

◆ 基本の数

DL 29
CD 29

まずは、0から10までを繰り返し発音し、覚えましょう。

0	1	2	3	4	5	6	7	8	9	10
零	一	二	三	四	五	六	七	八	九	十
líng	yī	èr	sān	sì	wǔ	liù	qī	bā	jiǔ	shí

11	12	20	21	……	99	100	1000	10000
十一	十二	二十	二十一		九十九	一百	一千	一万
shíyī	shí'èr	èrshí	èrshiyī		jiǔshijiǔ	yìbǎi	yìqiān	yíwàn

数字を使う表現

年齢、値段、時刻、日付、曜日は、数を用いて表します。決まった言い方がありますので、定型文として覚えてしまいましょう。（年齢、身長、体重は第8課で取り上げます。）

◆ 年齢

DL 30
CD 30

你　今年　多　大（了）？
Nǐ　jīnnián　duō　dà　(le)?
今年いくつですか。

我　今年　18　岁（了）。
Wǒ　jīnnián shíbā　suì　(le).
今年18才です。

1 ① 年齢を尋ねましょう。　② 年齢を答えましょう。

◆ 値段

DL 31
CD 31

多少　钱？
Duōshao　qián?
いくらですか。

两　块　四　毛。
Liǎng kuài　sì　máo.
2元4角（2.4元）です。

2 ①「いくらですか」と中国語で言ってみましょう。

②「12元7角です。」と中国語で言ってみましょう。

◆ 時刻

DL 32
CD 32

现在 几 点？
Xiànzài jǐ diǎn?

今何時ですか。

两 点。	两 点 左右。	两 点 二十 分。	两 点 半。
Liǎng diǎn.	Liǎng diǎn zuǒyòu.	Liǎng diǎn èrshí fēn.	Liǎng diǎn bàn.
2時です。	2時頃です。	2時20分です。	2時半です。

3 ① 現在の時刻を尋ねましょう。 ② 現在の時刻を答えましょう。

◆ 日付

DL 33
CD 33

今天 几 月 几 号？
Jīntiān jǐ yuè jǐ hào?

今日は何月何日ですか。

今天 二月 二 号。
Jīntiān èryuè èr hào.

今日は2月2日です。

你 的 生日 是 几 月 几 号？
Nǐ de shēngrì shì jǐ yuè jǐ hào?

誕生日は何月何日ですか。

我 的 生日 是 八月 三十一 号。
Wǒ de shēngrì shì bāyuè sānshiyī hào.

わたしの誕生日は8月31日です。

4 ① 誕生日を尋ねましょう。 ② 自分の誕生日を言いましょう。

◆ 曜日

DL 34
CD 34

月曜日	火曜日	水曜日	木曜日	金曜日	土曜日	日曜日
星期一	星期二	星期三	星期四	星期五	星期六	星期天
xīngqīyī	xīngqī'èr	xīngqīsān	xīngqīsì	xīngqīwǔ	xīngqīliù	xīngqītiān

明天 星期几？
Míngtiān xīngqījǐ?

明日は何曜日ですか。

明天 星期四。
Míngtiān xīngqīsì.

明日は木曜日です。

5 ① 今日の日付と曜日を言いましょう。

第五课
Dì wǔ kè

你们 早上 吃 什么?
Nǐmen zǎoshang chī shénme?

目標
1. 物事の説明（何か、どんな人か）ができる。
2. だれがいつ何をするかを伝えることができる。

単語表

DL 35
CD 35

本文

	中国語	ピンイン		🇯🇵
1	这	zhè	代	これ
2	是	shì	動	～は…である
3	面包	miànbāo	名	パン
4	和	hé	接	～と…
5	咖啡	kāfēi	名	コーヒー
6	那	nà	代	あれ
7	包子	bāozi	名	パオズ
8	牛奶	niúnǎi	名	牛乳
9	日本人	Rìběnrén	名	日本人
10	他	tā	代	彼　複数は"他们"tāmen
11	早上	zǎoshang	名	朝
12	吃	chī	動	食べる
13	喝	hē	動	飲む
14	中国人	Zhōngguórén	名	中国人
15	你们	nǐmen	代	あなたたち
16	什么	shénme	代	何

ポイント

	中国語	ピンイン		🇯🇵
17	我	wǒ	代	わたし　複数は"我们"wǒmen
18	你	nǐ	代	あなた　複数は"你们"nǐmen
19	您	nín	代	"你"の敬称 複数の形はない
20	她	tā	代	彼女　複数は"她们"tāmen
21	哪	nǎ	代	どれ
22	买	mǎi	動	買う
23	盒饭	héfàn	名	弁当
24	红茶	hóngchá	名	紅茶
25	不	bù（第4声の前では bú）	副	～しない，～でない
26	大学生	dàxuéshēng	名	大学生
27	留学生	liúxuéshēng	名	留学生
28	课本	kèběn	名	テキスト，教科書
29	谁	shéi	代	だれ，どなた
30	老师	lǎoshī	名	（学校の）先生

本文

DL 36
CD 36

食べ物と飲み物が並んでいますが、林刚さんと林玲さんの朝ごはんのようです。

这 是 面包 和 咖啡，那 是 包子 和
Zhè shì miànbāo hé kāfēi, nà shì bāozi hé

牛奶。林 刚 是 日本人，他 早上 吃
niúnǎi. Lín Gāng shì Rìběnrén, tā zǎoshang chī

面包，喝 咖啡。
miànbāo, hē kāfēi.

林 玲 是 中国人，她 早上 吃 包子，喝
Lín Líng shì Zhōngguórén, tā zǎoshang chī bāozi, hē

牛奶。
niúnǎi.

你们 早上 吃 什么？
Nǐmen zǎoshang chī shénme?

POINT ポイント

DL 37
CD 37

1 代名詞

（1）人称代名詞

第一人称	我 wǒ	我们 wǒmen
第二人称	你 nǐ　您 nín	你们 nǐmen
第三人称	他 / 她 tā	他们 / 她们 tāmen

（2）指示代名詞

	こ	そ	あ		ど
近	这	←――――→	那	遠	哪
	zhè		nà		nǎ

2 「～は…である」の“是”　A“是”B「AはBだ」↔ A“不是”B「AはBではない」

（A是B）とその否定（A不是B）

1. 我　是　大学生。
   Wǒ shì dàxuéshēng.
2. 我　不　是　大学生。
   Wǒ bú shì dàxuéshēng.
3. 她　是　留学生。
   Tā shì liúxuéshēng.
4. 她　不　是　留学生。
   Tā bú shì liúxuéshēng.
5. 这　是　课本。
   Zhè shì kèběn.
6. 这　不　是　课本。
   Zhè bú shì kèběn.

3 主語＋動詞（述語）＋目的語　↔ 否定形“不”＋動詞

1. 我　买　盒饭。
   Wǒ mǎi héfàn.
2. 我们　喝　红茶。
   Wǒmen hē hóngchá.
3. 我　不　喝　牛奶。
   Wǒ bù hē niúnǎi.
4. 你们　吃　什么？
   Nǐmen chī shénme?

4 疑問文１―― 疑問詞疑問文　“什么”・“谁”　「どこ」は第7課

1. 那　是　什么？
   Nà shì shénme?
2. 你　买　什么？
   Nǐ mǎi shénme?
3. 你们　喝　什么？
   Nǐmen hē shénme?
4. 谁　是　老师？
   Shéi shì lǎoshī?

1 中国語の音声を聞いて，ピンインと簡体字で書き取り，日本語に訳しましょう。 DL 38 CD 38

ピンイン	中国語	日本語
① ______	______	______
② ______	______	______
③ ______	______	______

2 日本語をヒントに，(　　) の語句を並べ替えましょう。

① わたしたちはコーヒーを飲みます。

(咖啡　我们　喝)。 → ______________________
kāfēi　wǒmen　hē

② あなたは何を食べますか。

(吃　什么　你)？ → ______________________
chī　shénme　nǐ

③ わたしはパンを買います。

(我　面包　买)。 → ______________________
wǒ　miànbāo　mǎi

3 中国語の音声を聞いて，空欄に簡体字で語句を補いましょう DL 39 CD 39

① (　　　　) (　　　　) 日本人。
Rìběnrén.

② (　　　　) 是 (　　　　)。
shì　.

③ (　　　　) (　　　　) 面包。
miànbāo.

4 次の日本語を中国語に訳しましょう。

① だれが先生ですか。

____

② これは何ですか。

____

③ あなたたちは何を飲みますか。

____

第五课

第六课
Dì liù kè

我叫林玲。
Wǒ jiào Lín Líng.

目標
1. 名前や身分、所属、専門を言ったり、尋ねたりできる。
2. 何をするかを言ったり、尋ねたりできる。（疑問詞、動詞を使う）

単語表

DL 40
CD 40

本文

	中国語	ピンイン		
1	好	hǎo	形	よい
2	姓	xìng	動	～という姓である
3	叫	jiào	動	(姓名,名を)～という
4	都	dōu	副	すべて,いずれも
5	大学	dàxué	名	大学
6	的	de	助	～の,連体修飾語を作る
7	学生	xuésheng	名	学生，生徒
8	也	yě	副	～もまた
9	吧	ba	助	～でしょう(推測) 第 13 課ポイント
10	吗	ma	助	～ですか(疑問を表す)
11	专业	zhuānyè	名	専門，専攻
12	法律	fǎlù	名	法律
13	呢	ne	助	～は？（省略疑問文を作る）

ポイント

	中国語	ピンイン		
14	拉面	lāmiàn	名	ラーメン
15	看	kàn	動	見る,読む
16	电视	diànshì	名	テレビ
17	对	duì	形	はい，そうです，正しい
18	美国人	Měiguórén	名	アメリカ人
19	草莓	cǎoméi	名	イチゴ
20	奶昔	nǎixī	名	シェイク
21	冰淇淋	bīngqílín	名	アイスクリーム
22	马卡龙	mǎkǎlóng	名	マカロン
23	巧克力	qiǎokèlì	名	チョコレート

本文

林玲さんが自己紹介しようとしています。

你们 好！我 姓 林，叫 林 玲。我 是
Nǐmen hǎo! Wǒ xìng Lín, jiào Lín Líng. Wǒ shì

中国人。他 也 姓 林，叫 林 刚。他 是
Zhōngguórén. Tā yě xìng Lín, jiào Lín Gāng. Tā shì

日本人。我们 都 是 日中 大学 的 学生。
Rìběnrén. Wǒmen dōu shì Rìzhōng dàxué de xuésheng.

你们 也 都 是 大学生 吧？你们 是
Nǐmen yě dōu shì dàxuéshēng ba? Nǐmen shì

日本人 吗？我 的 专业 是 法律。你们 的
Rìběnrén ma? Wǒ de zhuānyè shì fǎlǜ. Nǐmen de

专业 呢？
zhuānyè ne?

POINT ポイント

DL 42
CD 42

1 副詞“也”“不”“都”と文中の位置

1. 我 也 吃 拉面。
Wǒ yě chī lāmiàn.

2. 他 不 喝 牛奶。
Tā bù hē niúnǎi.

3. 我们 也 不 看 电视。
Wǒmen yě bú kàn diànshì.

4. 他们 也 都 不 是 老师。
Tāmen yě dōu bú shì lǎoshī.

2 疑問文 2 —— 推測を表す“吧”

1. A：你 是 留学生 吧？
Nǐ shì liúxuéshēng ba?
B：对，我 是 留学生。
Duì, wǒ shì liúxuéshēng.

2. A：你 是 美国人 吧？
Nǐ shì Měiguórén ba?
B：不，我 不 是 美国人。
Bù, wǒ bú shì Měiguórén.

3 疑問文 3 ——“吗”

1. A：你 是 大学生 吗？
Nǐ shì dàxuéshēng ma?
B：对，我 是 大学生。
Duì, wǒ shì dàxuéshēng.

2. A：这 是 你 的 课本 吗？
Zhè shì nǐ de kèběn ma?
B：不，这 不 是 我 的 课本。
Bù, zhè bú shì wǒ de kèběn.

4 疑問文 4 ——“呢”をつかった省略疑問文

1. A：我 喝 草莓 奶昔，你 呢？
Wǒ hē cǎoméi nǎixī, nǐ ne?
B：我 吃 冰淇淋。
Wǒ chī bīngqílín.

2. A：我 买 马卡龙，你 呢？
Wǒ mǎi mǎkǎlóng, nǐ ne?
B：我 买 巧克力。
Wǒ mǎi qiǎokèlì.

1 中国語の音声を聞いて，ピンインと簡体字で書き取り，日本語に訳しましょう。

DL 43
CD 43

ピンイン	中国語	日本語
① ______	______	______
② ______	______	______
③ ______	______	______

2 日本語をヒントに，（　　）の語句を並べ替えましょう。

① わたしは林玲と申します。

（玲　林　叫　我）。→ ______

Líng　Lín　jiào　wǒ

② 彼は学生ではありません。

（不　他　学生　是）。→ ______

bú　tā　xuésheng　shì

③ わたしの専攻は英語です。

我（是　英语　的　专业）。→ ______

Wǒ　shì　Yīngyǔ　de　zhuānyè

3 中国語の音声を聞いて，空欄に簡体字で語句を補いましょう

DL 44
CD 44

① 我（　　　　）是（　　　　）。

Wǒ　　shì　　.

② 我们（　　　　）是（　　　　）。

Wǒmen　　shì　　.

③ 我　的（　　　　）（　　　　）是　英语。

Wǒ　de　　　shì　Yīngyǔ.

4 次の日本語を中国語に訳しましょう。

① わたしは学生ですが、あなたは？

______

② あなたは日本人ですか。

______

③ 彼はコーヒーを飲みません。

______

第七课 Dì qī kè

我 家 在 西安。
Wǒ jiā zài Xī'ān.

目標

1. 自分の住んでいる場所やどこに何があるかを説明できる。
2. 自分の好きなことを紹介できる。

DL 45
CD 45

単語表

本文

	中国語	ピンイン		
1	家	jiā	名	いえ
2	在	zài	動	～にある，～にいる　第10課
3	西安	Xī'ān	名	西安（地名）
4	知道	zhīdao	動	知っている，わかっている
5	很	hěn	副	とても
6	漂亮	piàoliang	形	きれいである
7	有	yǒu	動	持っている，ある，いる
8	多	duō	形	多い，たくさんの
9	名胜	míngshèng	名	名所
10	古迹	gǔjì	名	旧跡
11	那儿	nàr	代	あそこ，そこ　那里 nàli とも
12	墓	mù	名	墓
13	面条	miàntiáo	名	麺
14	饺子	jiǎozi	名	ギョーザ
15	好吃	hǎochī	形	おいしい
16	最	zuì	副	もっとも
17	喜欢	xǐhuan	動	好きである
18	还是	háishi	接	～それとも…，やはり

ポイント

	中国語	ピンイン		
19	这儿	zhèr	代	ここ，そこ　这里 zhèli とも
20	哪儿	nǎr	代	どこ　哪里 nǎli とも
21	邮局	yóujú	名	郵便局
22	便利店	biànlìdiàn	名	コンビニエンスストア
23	对面	duìmiàn	名	向かい
24	家	jiā	量	会社・店などを数える
25	哥哥	gēge	名	兄，お兄さん
26	钱包	qiánbāo	名	財布
27	词典	cídiǎn	名	辞書
28	学校	xuéxiào	名	学校
29	想法	xiǎngfǎ	名	アイデア，考え方
30	英语	Yīngyǔ	名	英語
31	难	nán	形	難しい
32	汉语	Hànyǔ	名	中国語
33	东京	Dōngjīng	名	東京（地名）
34	热闹	rènao	形	にぎやかだ
35	去	qù	動	行く

本文

林玲さんの故郷の西安にはたくさんの名所旧跡やおいしい食べ物があるようです。

我 家 在 西安。你们 知道 西安 吗？
Wǒ jiā zài Xī'ān. Nǐmen zhīdao Xī'ān ma?

西安 很 漂亮，有 很 多 名胜 古迹。
Xī'ān hěn piàoliang, yǒu hěn duō míngshèng gǔjì.

兵马俑 在 那儿，武则天 的 墓 也 在
Bīngmǎyǒng zài nàr, Wǔzétiān de mù yě zài

那儿。西安 的 面条 和 饺子 也 很 好吃。
nàr. Xī'ān de miàntiáo hé jiǎozi yě hěn hǎochī.

我 最 喜欢 吃 西安 的 面条。
Wǒ zuì xǐhuan chī Xī'ān de miàntiáo.

你们 喜欢 吃 面条，还是 喜欢 吃 饺子？
Nǐmen xǐhuan chī miàntiáo, háishi xǐhuan chī jiǎozi?

POINT ポイント

DL 47
CD 47

1 "的"の省略 —— 人称代名詞（＋"的"）＋親族名称／所属先

1. 这 是 我 哥哥
   Zhè shì wǒ gēge
2. 这 是 我 的 钱包
   Zhè shì wǒ de qiánbāo
3. 这 是 我 家
   Zhè shì wǒ jiā
4. 这 是 我 的 词典
   Zhè shì wǒ de cídiǎn
5. 这 是 我们 学校
   Zhè shì wǒmen xuéxiào
6. 这 是 我们 的 想法
   Zhè shì wǒmen de xiǎngfǎ

2 所在と存在を表す表現

所在：～は…にある

1. 邮局 在 便利店 对面。
   Yóujú zài biànlìdiàn duìmiàn.

存在：～に…がある

2. 邮局 对面 有 一 家 便利店。
   Yóujú duìmiàn yǒu yì jiā biànlìdiàn.

3 形容詞述語文

1. A：东京 热闹 吗？
   Dōngjīng rènao ma?
   B：东京 很 热闹。
   Dōngjīng hěn rènao.
2. A：英语 难 吗？
   Yīngyǔ nán ma?
   B：英语 不 难，汉语 难。
   Yīngyǔ bù nán, Hànyǔ nán.

4 場所を表す代名詞 ♡指示代名詞・第5課

近 ←→ 遠 こ	そ	あ	疑問 ど
这儿、这里 zhèr zhèli		那儿、那里 nàr nàli	哪儿、哪里 nǎr nǎli

5 疑問文 5 —— 選択疑問文"A 还是 B？"

1. 你 是 老师，还是 学生？
   Nǐ shì lǎoshī, háishi xuésheng?
2. 你 去 邮局，还是 去 便利店？
   Nǐ qù yóujú, háishi qù biànlìdiàn?

❶ 中国語の音声を聞いて，ピンインと簡体字で書き取り，日本語に訳しましょう。

DL 48 CD 48

ピンイン	中国語	日本語
① ＿＿＿＿	＿＿＿＿	＿＿＿＿
② ＿＿＿＿	＿＿＿＿	＿＿＿＿
③ ＿＿＿＿	＿＿＿＿	＿＿＿＿

❷ 日本語をヒントに，（　　）の語句を並べ替えましょう。

① あなたは西安を知っていますか。

（西安　知道　吗　你）？→ ＿＿＿＿＿＿＿＿＿＿

Xī'ān　zhīdao　ma　nǐ

② ギョーザはとても美味しい。

（好吃　很　饺子）。→ ＿＿＿＿＿＿＿＿＿＿

hǎochī　hěn　jiǎozi

③ 兵馬俑は西安にあります。

（西安　在　兵马俑）。→ ＿＿＿＿＿＿＿＿＿＿

Xī'ān　zài　Bīngmǎyǒng

❸ 中国語の音声を聞いて，空欄に簡体字で語句を補いましょう

DL 49 CD 49

① 她（　　　　）（　　　　）。

Tā　　　　　　　.

② 我　家（　　　　）（　　　　）西安。

Wǒ　jiā　　　　　　Xī'ān.

③ 我　很（　　　　）（　　　　）面条。

Wǒ　hěn　　　　　　miàntiáo.

❹ 次の日本語を中国語に訳しましょう。

① わたしの家はコンビニの向かいにあります。

＿＿＿＿＿＿＿＿＿＿＿＿＿＿＿＿＿＿

② 彼女のお姉さんもきれいです。（第 3 課 ① を参照のこと）

＿＿＿＿＿＿＿＿＿＿＿＿＿＿＿＿＿＿

③ あなたが行きますか、それともわたしが行きますか。（A “还是” B ？の形で）

＿＿＿＿＿＿＿＿＿＿＿＿＿＿＿＿＿＿

第八课
Dì bā kè

我 今年 18 岁。
Wǒ jīnnián shíbā suì.

目標

1. 家族のことを紹介したり尋ねたりできる。
2. 年齢や身長、体重を表現できる。

単語表

DL 50
CD 50

	中国語	ピンイン		
本文				
1	今年	jīnnián	名	今年
2	岁	suì	量	～歳
3	京都	Jīngdū	名	京都（地名）
4	口	kǒu	量	～人（家族を数える）
5	人	rén	名	ひと，人
6	爸爸	bàba	名	お父さん，父
7	妈妈	māma	名	お母さん，母
8	个	ge	量	～個，～つ
9	比	bǐ	介	～より（比較）
10	大	dà	形	年上である，大きい
11	两	liǎng	数	2（数量を表す）
12	多	duō	副	どのくらい
13	没有	méiyǒu	動	ない（“有”の否定）
14	兄弟	xiōngdì	名	兄弟，兄と弟
15	姐妹	jiěmèi	名	姉妹，姉と妹
ポイント				
16	几	jǐ	代	いくつ（10くらいまで） 第9課
17	姥姥	lǎolao	名	祖母，おばあさん（母方）
18	年纪	niánjì	名	年齢
19	高	gāo	形	（背が）高い
20	米	mǐ	量	メートル
21	重	zhòng	形	重い
22	公斤	gōngjīn	量	キログラム（“斤”は500グラム）
23	小	xiǎo	形	小さい，年下である
24	没有	méiyǒu	動	～ほど…ではない
25	弟弟	dìdi	名	弟
26	和	hé	介	～と 第5課
27	一样	yíyàng	形	同じである
28	妹妹	mèimei	名	妹
29	甜点	tiándiǎn	名	デザート
30	本	běn	量	～冊
31	书	shū	名	本，書籍
32	书包	shūbāo	名	かばん
33	这个	zhège	代	これ，この一つ
34	张	zhāng	量	～枚
35	邮票	yóupiào	名	切手

DL 51
CD 51

本文

林剛さんが家族構成を紹介しようとしています。

我 叫 林 刚，今年 18 岁。我 家 在
Wǒ jiào Lín Gāng, jīnnián shíbā suì. Wǒ jiā zài

京都。我 家 有 四 口 人。爸爸、妈妈、
Jīngdū. Wǒ jiā yǒu sì kǒu rén. Bàba、 māma、

一 个 姐姐 和 我。我 爸爸 今年 48，
yí ge jiějie hé wǒ. Wǒ bàba jīnnián sìshibā,

妈妈 45。我 姐姐 比 我 大 两 岁，
māma sìshiwǔ. Wǒ jiějie bǐ wǒ dà liǎng suì,

今年 20 岁。
jīnnián èrshí suì.

你们 的 爸爸 妈妈 今年 多 大？你们
Nǐmen de bàba māma jīnnián duō dà? Nǐmen

有 没有 兄弟 姐妹？
yǒu méiyǒu xiōngdì jiěmèi?

DL 52
CD 52

1 名詞述語文 第4課

（1）年齢を尋ねる

1. A：你 今年 18 岁 吗？ B：我 今年 不 是 18 岁，我 今年 19 岁。
Nǐ jīnnián shíbā suì ma? Wǒ jīnnián bú shì shíbā suì, wǒ jīnnián shíjiǔ suì.

2. A：你 今年 多 大？ B：我 今年 20 岁。
Nǐ jīnnián duō dà? Wǒ jīnnián èrshí suì.

3. A：他 今年 几 岁？ B：他 今年 6 岁。
Tā jīnnián jǐ suì? Tā jīnnián liù suì.

4. A：你 姥姥 今年 多 大 年纪？ B：她 今年 85。
Nǐ lǎolao jīnnián duō dà niánjì? Tā jīnnián bāshiwǔ.

（2）身長・体重を尋ねる

5. A：你 多 高？ B：我 一米七二。
Nǐ duō gāo? Wǒ yì mǐ qī èr.

6. A：你 多 重？ B：我 68 公斤。
Nǐ duō zhòng? Wǒ liùshibā gōngjīn.

2 量詞 ―― 数詞＋量詞（＋名詞）／指示代名詞＋量詞（＋名詞） 第3課

一 本 书 yì běn shū　一 个 书包 yí ge shūbāo　一 张 邮票 yì zhāng yóupiào

这 本 书 zhè běn shū　这个 书包 zhège shūbāo　这 张 邮票 zhè zhāng yóupiào

特定の量詞がない名詞には "个" を用いる

3 比較文 ―― A“比”（↔“没有”）B＋形容詞（＋差）。A“和”B“一样”＋形容詞

1. 我 比 她 小。
Wǒ bǐ tā xiǎo.

2. 我 比 姐姐 小 两 岁。
Wǒ bǐ jiějie xiǎo liǎng suì.

3. 我 没有 弟弟 高。
Wǒ méiyǒu dìdi gāo.

4. 我 和 妹妹 一样 高。
Wǒ hé mèimei yíyàng gāo.

4 疑問文6 ―― 反復疑問文

1. 你 是 不 是 大学生？
Nǐ shì bu shì dàxuéshēng?

2. 你 吃 不 吃 甜点？
Nǐ chī bu chī tiándiǎn?

3. A：英语 难 不 难？ B：英语 很 难。
Yīngyǔ nán bu nán? Yīngyǔ hěn nán.

1 中国語の音声を聞いて，ピンインと簡体字で書き取り，日本語に訳しましょう。 DL 53 CD 53

	ピンイン	中国語	日本語
①			
②			
③			

2 日本語をヒントに，（　）の語句を並べ替えましょう。

① わたしの家は北京にあります。

（在　家　北京　我）。→ ______________________

zài　jiā　Běijīng　wǒ

② 彼女は今年 18 歳です。

（岁　她　十八　今年）。→ ______________________

suì　tā　shíbā　jīnnián

③ あなたは兄弟姉妹はいますか。

（有　你　兄弟姐妹　没有）？→ ______________________

yǒu　nǐ　xiōngdì jiěmèi méiyǒu

3 中国語の音声を聞いて，空欄に簡体字で語句を補いましょう DL 54 CD 54

① 我 家 有（　　　　　）（　　　　　）人。

Wǒ jiā yǒu　　　　　　　　　　rén.

② 你（　　　　　）（　　　　　）？

Nǐ　　　　　　　　　　？

③ 他（　　　　　）我（　　　　　）。

Tā　　　　　wǒ　　　　　.

4 次の日本語を中国語に訳しましょう。

① わたしは兄ほど背が高くない。

____

② あなたの身長はどのくらいですか。

____

③ あなたはパンを食べますか。（反復疑問文で）

____

第八课

第九课 Dì jiǔ kè

我 家 离 学校 很 近。
Wǒ jiā lí xuéxiào hěn jìn.

目標
1. 空間的、時間的な距離を表現できる。
2. 動作の順序、手段、目的を表現できる。

単語表 DL 55 CD 55

本文

	中国語	ピンイン		
1	离	lí	介	～から，～まで
2	远	yuǎn	形	遠い
3	每	měi	代	～ごとに "每天"は毎日
4	天	tiān	量	～日, ～日間 (日数)
5	点	diǎn	量	～時
6	起床	qǐ//chuáng	動	起床する
7	半	bàn	数	半分，半
8	早饭	zǎofàn	名	朝食，朝ごはん
9	刻	kè	量	時間の単位 "一刻" は 15 分
10	坐	zuò	動	乗る，座る
11	电车	diànchē	名	電車
12	来	lái	動	来る
13	从	cóng	介	～から(起点)
14	到	dào	介	～まで(終点)
15	要	yào	動	(時間・お金が)要る, かかる
16	小时	xiǎoshí	名	時間(60 分)
17	上课	shàng//kè	動	授業に出る, 授業をする
18	几	jǐ	数	時刻を尋ねるときに用いる　第 8 課ポイント
19	怎么	zěnme	代	どのように(方法を尋ねる)

ポイント

	中国語	ピンイン		
20	超市	chāoshì	名	スーパーマーケット
21	近	jìn	形	近い
22	分钟	fēnzhōng	量	～分，～分間
23	地铁	dìtiě	名	地下鉄
24	分	fēn	量	～分
25	现在	xiànzài	名	今，現在
26	晚饭	wǎnfàn	名	夕食, 晩ごはん
27	长	cháng	形	長い
28	时间	shíjiān	名	時間
29	名古屋	Mínggǔwū	名	名古屋(地名)

本文

DL 56

CD 56

林剛さんの家は学校から遠くて、毎朝早起きして、電車で二時間かけて通っているとか。

我 家 离 学校 很 远。我 每天 六
Wǒ jiā lí xuéxiào hěn yuǎn. Wǒ měitiān liù

点 起 床，六 点 半 吃 早饭，七 点 一 刻
diǎn qǐ chuáng, liù diǎn bàn chī zǎofàn, qī diǎn yí kè

去 学校。我 每天 坐 电车 来 学校。从
qù xuéxiào. Wǒ měitiān zuò diànchē lái xuéxiào. Cóng

我 家 到 学校 要 两 个 小时。我们
wǒ jiā dào xuéxiào yào liǎng ge xiǎoshí. Wǒmen

学校 九 点 半 上课。
xuéxiào jiǔ diǎn bàn shàngkè.

你们 学校 几 点 上课？你们 每天 怎么
Nǐmen xuéxiào jǐ diǎn shàngkè? Nǐmen měitiān zěnme

来 学校？
lái xuéxiào?

POINT ポイント

DL 57
CD 57

1 介詞“离”“从”“到”

（1） A“离”B ＋ 形容詞（AはBから～）

1. 超市 离 我 家 很 近。
Chāoshì lí wǒ jiā hěn jìn.

(2) “从”A“到”B ＋ 形容詞／動詞（AからBまで～）

2. 从 我 家 到 超市 要 五 分钟。
Cóng wǒ jiā dào chāoshì yào wǔ fēnzhōng.

2 時刻（時点）と文中での位置

時刻	五 分 wǔ fēn	一 点 yī diǎn	两 点 liǎng diǎn

1. A：现在 几 点？
Xiànzài jǐ diǎn?
B：现在 九 点 五 分 / 九 点 一 刻 / 九 点 半 / 九 点 三 刻。
Xiànzài jiǔ diǎn wǔ fēn jiǔ diǎn yí kè jiǔ diǎn bàn jiǔ diǎn sān kè.

2. A：你 每天 几 点 吃 晚饭？
Nǐ měitiān jǐ diǎn chī wǎnfàn?
B：我 每天 七 点 半 吃 晚饭。
Wǒ měitiān qī diǎn bàn chī wǎnfàn.

3 連動文 主語 ＋ 動詞 1 ＋ 動詞 2

動詞 1 、動詞 2 の置く順番は、一般的にその動作の行う順、或いは手段、目的順に従う

1. 我 去 便利店 买 盒饭。（時間順）
Wǒ qù biànlìdiàn mǎi héfàn.

2. 我 坐 地铁 去 学校。（手段、目的順）
Wǒ zuò dìtiě qù xuéxiào.

4 時間の長さ（時量）と文中での位置 ♥ 数量補語・第 10 課

時量	五 分钟 wǔ fēnzhōng	一 个 小时 yí ge xiǎoshí	两 个 小时 liǎng ge xiǎoshí

1. A：从 东京 到 名古屋 要 多 长 时间？
Cóng Dōngjīng dào Mínggǔwū yào duō cháng shíjiān?
B：从 东京 到 名古屋 要 一 个 半 小时。
Cóng Dōngjīng dào Mínggǔwū yào yí ge bàn xiǎoshí.

1 中国語の音声を聞いて，ピンインと簡体字で書き取り，日本語に訳しましょう。

DL 58
CD 58

ピンイン	中国語	日本語
① ________	________	________
② ________	________	________
③ ________	________	________

2 日本語をヒントに，（　）の語句を並べ替えましょう。

① 彼は 7 時 15 分に学校に行きます。

他（去　一刻　七点　学校）。→ ________
Tā　qù　yí kè　qī diǎn　xuéxiào

② 彼の家は学校から近い。

（学校　他　离　家）很　近。→ ________
xuéxiào　tā　lí　jiā　hěn　jìn.

③ 学校は何時に授業が始まりますか。

（上课　几　学校　点）？→ ________
shàngkè　jǐ　xuéxiào　diǎn

3 中国語の音声を聞いて，空欄に簡体字で語句を補いましょう

DL 59
CD 59

① 我　七　点（　　　　）（　　　　）去　学校。
Wǒ　qī　diǎn　　　　　　　qù　xuéxiào.

② 他　家（　　　　）我　家　很（　　　　）。
Tā　jiā　　　　wǒ　jiā　hěn　　　　.

③ 从　我　家　到　邮局　要（　　　　）（　　　　）。
Cóng　wǒ　jiā　dào　yóujú　yào　　　　.

4 次の日本語を中国語に訳しましょう。

① わたしの家から学校まで一時間かかる。

____

② あなたは毎日どうやって学校に来ますか。

____

③ わたしは毎日電車で学校に来ます。

____

第十课 Dì shí kè

我在私塾打工。
Wǒ zài sīshú dǎgōng.

目標
1. いつ、どこで、何を（どれだけ）するかを表現できる。
2. 何がしたいのかを表現できる。

単語表
DL 60
CD 60

本文

	中国語	ピンイン		
1	附近	fùjìn	名	近く，あたり
2	私塾	sīshú	名	塾，学習塾，予備校
3	在	zài	介	～で，～に（場所を示す）
4	那里	nàli	代	あそこ，そこ　第7課
5	打工	dǎ//gōng	動	アルバイトをする
6	教	jiāo	動	教える
7	高中生	gāozhōngshēng	名	高校生
8	走着	zǒuzhe		徒歩で，歩いて　第12課
9	星期	xīngqī	名	「週」を表す　第4課
10	次	cì	量	～回
11	星期一	xīngqīyī	名	月曜日
12	星期四	xīngqīsì	名	木曜日
13	有意思	yǒu yìsi		おもしろい
14	想	xiǎng	助動	～したい
15	哪里	nǎli	代	どこ　第7課“哪儿”

ポイント

	中国語	ピンイン		
16	书店	shūdiàn	名	本屋
17	图书馆	túshūguǎn	名	図書館
18	学习	xuéxí	動	勉強する
19	日语	Rìyǔ	名	日本語
20	给	gěi	動	あげる，くれる
21	礼物	lǐwù	名	プレゼント
22	美国	Měiguó	名	アメリカ（国名）
23	旅游	lǚyóu	動	旅行する
24	留学	liú//xué	動	留学する

本文

林剛さんは自宅近くの塾で週に何回かしているアルバイトが楽しいようです。

我 家 附近 有 一 家 私塾，我 在
Wǒ jiā fùjìn yǒu yì jiā sīshú, wǒ zài

那里 打工，教 高中生 英语。我 每 次
nàli dǎgōng, jiāo gāozhōngshēng Yīngyǔ. Wǒ měi cì

走着 去 打工。我 一 个 星期 去 两 次，
zǒuzhe qù dǎgōng. Wǒ yí ge xīngqī qù liǎng cì,

星期一 和 星期四 去。每 次 教 三 个
xīngqīyī hé xīngqīsì qù. Měi cì jiāo sān ge

小时。在 私塾 打工 很 有 意思。林 玲
xiǎoshí. Zài sīshú dǎgōng hěn yǒu yìsi. Lín Líng

也 想 在 私塾 打工。
yě xiǎng zài sīshú dǎgōng.

你们 打工 吗？在 哪里 打工？
Nǐmen dǎgōng ma? Zài nǎli dǎgōng?

DL 62
CD 62

1　介詞"在"　動作が行われる場所を表す

1. 我　在　书店　打工。
Wǒ zài shūdiàn dǎgōng.

2. 我　在　书店。
Wǒ zài shūdiàn.

3. 她　在　图书馆　看　书。
Tā zài túshūguǎn kàn shū.

4. 她　在　图书馆。
Tā zài túshūguǎn.

2　二重目的語をとる文　主語＋動詞＋目的語1(ヒト) ＋目的語2(モノ・コト)

1. 林　老师　教　他们　日语。
Lín lǎoshī jiāo tāmen Rìyǔ.

2. 我　给　你　一　个　礼物。
Wǒ gěi nǐ yí ge lǐwù.

3　数量補語 —— 主語＋「いつ/期間」＋動詞＋「時間/回数」＋目的語

1. 我　一　个　星期　去　三　次　图书馆。
Wǒ yí ge xīngqī qù sān cì túshūguǎn.

2. 我　每天　学习　两　个　半　小时　英语。
Wǒ měitiān xuéxí liǎng ge bàn xiǎoshí Yīngyǔ.

4　助動詞 —— 願望を表す"想"

1. 我　想　去　美国　旅游。
Wǒ xiǎng qù Měiguó lǚyóu.

2. 弟弟　不　想　去　留学。
Dìdi bù xiǎng qù liúxué.

1 中国語の音声を聞いて，ピンインと簡体字で書き取り，日本語に訳しましょう。

DL 63
CD 63

ピンイン	中国語	日本語
① ________	________	________
② ________	________	________
③ ________	________	________

2 日本語をヒントに，（　　）の語句を並べ替えましょう。

① わたしは塾でアルバイトをしたい。

我（私塾　在　打工　想）。→ ________________

Wǒ　sīshú　zài　dǎgōng　xiǎng

② わたしは高校生に英語を教えています。

（教　英语　我　高中生）。→ ________________

jiāo　Yīngyǔ　wǒ gāozhōngshēng

③ わたしは水曜日にアルバイトに行きます。

（去　我　打工　星期三）。→ ________________

qù　wǒ　dǎgōng　xīngqīsān

3 中国語の音声を聞いて，空欄に簡体字で語句を補いましょう

DL 64
CD 64

① 我　一个（　　　　　）去（　　　　　）次。

Wǒ　yí ge　qù　cì.

② 我（　　　　　）电车（　　　　　）打工。

Wǒ　diànchē　dǎgōng.

③ 我（　　　　　）次　教　三个（　　　　　）英语。

Wǒ　cì　jiāo　sān ge　Yīngyǔ.

4 次の日本語を中国語に訳しましょう。

① わたしは木曜日にアルバイトに行きます。

____

② あなたはどこでアルバイトをしていますか。

____

③ わたしは毎日歩いてアルバイトに行きます。

____

第十一课 Dì shíyī kè

我 昨天 买了 一 本《关西漫步》。
Wǒ zuótiān mǎile yì běn《Guānxīmànbù》.

目標
1. すでにしたことについて、その結果や経験を表現できる。
2. 予定や進行中のことについて説明ができる。

単語表

DL 65
CD 65

本文

	中国語	ピンイン		🇯🇵
1	正在	zhèngzài	副	まさに～している
2	考虑	kǎolǜ	動	考慮する
3	寒假	hánjià	名	冬休み
4	大阪	Dàbǎn	名	大阪(地名)
5	玩儿	wánr	動	遊ぶ
6	昨天	zuótiān	名	昨日
7	了	le	助	完了を表す（文末では変化の意味を含む） 第12課
8	《关西漫步》	Guānxī mànbù	名	雑誌 Kansai walker
9	完	wán	動	終わる，終える
10	以后	yǐhòu	名	以後，～のあと
11	决定	juédìng	動	決める
12	环球影城	Huánqiú yǐngchéng	名	ユニバーサルスタジオ
13	没	méi	副	～していない(完了・実現・経験・進行を否定する)
14	过	guo	助	～したことがある
15	打算	dǎsuan	動	～するつもりだ
16	一起	yìqǐ	副	一緒に

ポイント

	中国語	ピンイン		🇯🇵
17	在	zài	副	～している(ところである)
18	干	gàn	動	する
19	呢	ne	助	～しているところ(持続感を表す)
20	打电话	dǎ diànhuà		電話をかける
21	游戏	yóuxì	名	ゲーム
22	做	zuò	動	する，作る
23	想	xiǎng	動	考える
24	到	dào	動	到達や手に入れることを表す
25	找	zhǎo	動	探す
26	听	tīng	動	聞く
27	懂	dǒng	動	わかる，理解する
28	说	shuō	動	言う，話す
29	话	huà	名	はなし，ことば
30	电视剧	diànshìjù	名	テレビドラマ
31	还	hái	副	まだ 第13課
32	尝	cháng	動	味わう，味見する

本文

DL 66
CD 66

林剛さんは旅行が好きで、ガイドブックに目を通して行き先を決めました。

我 很 喜欢 旅游，正在 考虑 寒假 去
Wǒ hěn xǐhuan lǚyóu, zhèngzài kǎolǜ hánjià qù

大阪 玩儿。我 昨天 买了 一 本
Dàbǎn wánr. Wǒ zuótiān mǎile yì běn

《关西漫步》。看完 这 本 书 以后 我
Guānxīmànbù. kànwán zhè běn shū yǐhòu wǒ

决定 去 大阪 的 环球影城 玩儿。
juédìng qù Dàbǎn de Huánqiúyǐngchéng wánr.

林玲 也 没 去过 环球影城，她 也 很
Lín Líng yě méi qùguo Huánqiúyǐngchéng, tā yě hěn

想 去 玩儿玩儿。我们 打算 寒假 一起 去。
xiǎng qù wánrwanr. Wǒmen dǎsuan hánjià yìqǐ qù.

你们 打算 寒假 去 哪儿？
Nǐmen dǎsuan hánjià qù nǎr?

POINT ポイント

DL 67
CD 67

1 進行を表す ——"在"+動詞/"在"+動詞+"呢"/"正在"+動詞/"正在"+動詞+"呢"

1. A：你 在 干 什么 呢？ B：我 在 看 电视 呢。
   Nǐ zài gàn shénme ne? Wǒ zài kàn diànshì ne.

2. 哥哥 没 在 打 电话，在 玩儿 游戏 呢。
   Gēge méi zài dǎ diànhuà, zài wánr yóuxì ne.

2 "了"1 —— 動作の完了・実現 動詞+"了"/動詞+"了"+数量詞+目的語

1. 我 吃了 一 个 冰淇淋。
   Wǒ chīle yí ge bīngqílín.

2. 他 看了 一 本 书。
   Tā kànle yì běn shū.

3 結果補語 動詞+結果補語（動詞や形容詞）+"了"↔"没"+動詞+結果補語

"～完" wán	【～し終える】	吃完了 chīwánle	看完了 kànwánle	↔	没吃完 méi chīwán	没看完 méi kànwán
"～好" hǎo	【きちんと～し終える】	做好了 zuòhǎole	想好了 xiǎnghǎole	↔	没做好 méi zuòhǎo	没想好 méi xiǎnghǎo
"～到" dào	【（目的に）達する】	买到了 mǎidàole	找到了 zhǎodàole	↔	没买到 méi mǎidào	没找到 méi zhǎodào
"～懂" dǒng	【理解する】	看懂了 kàndǒngle	听懂了 tīngdǒngle	↔	没看懂 méi kàndǒng	没听懂 méi tīngdǒng

1. 他 说 的 话 我 都 听懂 了。
   Tā shuō de huà wǒ dōu tīngdǒng le.

2. 那个 电视剧 我 没 看懂。
   Nàge diànshìjù wǒ méi kàndǒng.

4 経験 動詞+"过"/"没"+動詞+"过"

1. 我 去过 东京，没 去过 京都。
   Wǒ qùguo Dōngjīng, méi qùguo Jīngdū.

2. 我 还 没 吃过 马卡龙。
   Wǒ hái méi chīguo mǎkǎlóng.

5 動詞の重ね型「～してみる」

1. 你 看看 这 张 邮票。
   Nǐ kànkan zhè zhāng yóupiào.

2. 你 尝尝 这个 草莓。
   Nǐ chángchang zhège cǎoméi.

DL 68
CD 68

1 中国語の音声を聞いて，ピンインと簡体字で書き取り，日本語に訳しましょう。

	ピンイン	中国語	日本語
①			
②			
③			

2 日本語をヒントに，（　）の語句を並べ替えましょう。

① わたしはちょっと遊びに行きたい。

我（玩儿　玩儿　去　想）。 → ______
Wǒ wánr wánr qù xiǎng

② わたしは昨日本を一冊買いました。

我（昨天　书　买了　一本）。 → ______
Wǒ zuótiān shū mǎile yì běn

③ わたしは旅行に行きたい。

我（旅游　去　想　很）。 → ______
Wǒ lǚyóu qù xiǎng hěn

3 中国語の音声を聞いて，空欄に簡体字で語句を補いましょう

DL 69
CD 69

① 我　很（　　　　）（　　　　）饺子。
Wǒ hěn jiǎozi.

② 我（　　　　）去（　　　　）环球影城。
Wǒ qù Huánqiúyǐngchéng.

③ 我（　　　　）（　　　　）去　旅游。
Wǒ qù lǚyóu.

4 次の日本語を中国語に訳しましょう。

① わたしもアイスクリームを食べています。（進行形で）

______

② わたしもこの本を読んだことがある。

______

③ この本をわたしは読み終わりました。

______

第十二课 Dì shí'èr kè

我的爱好是游泳。
Wǒ de àihào shì yóuyǒng.

目標
1. 何をどれだけできるか能力のレベルを表現できる。
2. どこで、何がどうなっているのかを表現できる。

単語表
DL 70
CD 70

本文

	中国語	ピンイン		日本語
1	游泳	yóu//yǒng	動	泳ぐ
			名	水泳
2	所以	suǒyǐ	接	だから
3	参加	cānjiā	動	参加する
4	队	duì	名	チーム, クラブ
5	以前	yǐqián	名	以前, ～のまえ
6	只	zhǐ	副	ただ～だけ
7	能	néng	助動	～できる
8	游	yóu	動	泳ぐ
9	了	le	助	～なる, ～なった(変化を表す) 第11課
10	选手	xuǎnshǒu	名	選手
11	照片	zhàopiàn	名	写真
12	偶像	ǒuxiàng	名	アイドル
13	房间	fángjiān	名	部屋
14	里	li	名	～の中(場所を表す)
15	贴	tiē	動	貼る
16	着	zhe	助	～ている, ～てある(様子や状態の持続を表す)
17	会	huì	助動	～できる

ポイント

	中国語	ピンイン		日本語
18	字	zì	名	字, 文字
19	可以	kěyǐ	助動	～できる, ～してよい
20	厕所	cèsuǒ	名	トイレ, 便所
21	天气	tiānqì	名	天気
22	凉快	liángkuai	形	涼しい
23	公园	gōngyuán	名	公園
24	前边儿	qiánbianr	名	前, 前の方
25	公厕	gōngcè	名	公衆トイレ
26	教室	jiàoshì	名	教室
27	黑板	hēibǎn	名	黒板
28	上	shang	名	～のうえ
29	写	xiě	動	書く
30	罗马字	luómǎzì	名	ローマ字
31	窗户	chuānghu	名	窓
32	关	guān	動	しめる
33	门	mén	名	ドア
34	开	kāi	動	開く, 開ける

本文

DL 71
CD 71

林剛さんは水泳が得意で、学校のクラブ活動にも参加しています。

我 喜欢 游泳，所以 参加了 学校 的
Wǒ xǐhuan yóuyǒng, suǒyǐ cānjiāle xuéxiào de

游泳 队。以前 我 只 能 游 500 米，
yóuyǒng duì. Yǐqián wǒ zhǐ néng yóu wǔbǎi mǐ,

现在 我 能 游 1000 米了。我的 房间里
xiànzài wǒ néng yóu yìqiān mǐ le. Wǒ de fángjiānli

贴着 很 多 游泳 选手 的 照片。他们
tiēzhe hěn duō yóuyǒng xuǎnshǒu de zhàopiàn. Tāmen

是 我 的 偶像。
shì wǒ de ǒuxiàng.

你们 会 游泳 吗？你们 有 喜欢的偶像
Nǐmen huì yóuyǒng ma? Nǐmen yǒu xǐhuan de ǒuxiàng

吗？你们 房间里 也 贴着 偶像 的 照片 吗？
ma? Nǐmen fángjiānli yě tiēzhe ǒuxiàng de zhàopiàn ma?

POINT ポイント

DL 72
CD 72

1 助動詞 —— 習得の“会” 可能の“能” 許可の“可以”

1. 我 会 说 英语。
   Wǒ huì shuō Yīngyǔ.

2. 我 一 分钟 能 打 一百 个 字。
   Wǒ yì fēnzhōng néng dǎ yìbǎi ge zì.

3. 老师，我 可以 去 厕所 吗？
   Lǎoshī, wǒ kěyǐ qù cèsuǒ ma?

2 “了”2 —— 文末で変化を表す

1. 天气 凉快 了。
   Tiānqì liángkuai le.

2. 妹妹 也 是 大学生 了。
   Mèimei yě shì dàxuéshēng le.

3 方位詞 —— 場所を表す表現 第7課ポイント2、4・第10課ポイント1

1. 公园 前边儿 有 一 个 公厕。
   Gōngyuán qiánbianr yǒu yí ge gōngcè.

2. 教室里 有 很 多 学生。
   Jiàoshìli yǒu hěn duō xuésheng.

4 持続を表す助詞“着”

（1）結果・状態の持続

1. 黑板上 写着 很 多 罗马字。
   Hēibǎnshang xiězhe hěn duō luómǎzì.

2. 房间 的 窗户 关着，门 开着。
   Fángjiān de chuānghu guānzhe, mén kāizhe.

（2）動作の持続

3. 我们 走着 去 吧。
   Wǒmen zǒuzhe qù ba.

5 修飾語（フレーズ）と被修飾語をつなぐ“的”

1. 这 是 我 昨天 买 的 词典。
   Zhè shì wǒ zuótiān mǎi de cídiǎn.

2. 老师 写 的 字 很 漂亮。
   Lǎoshī xiě de zì hěn piàoliang.

1 中国語の音声を聞いて，ピンインと簡体字で書き取り，日本語に訳しましょう。

DL 73　CD 73

ピンイン	中国語	日本語
①		
②		
③		

2 日本語をヒントに，（　）の語句を並べ替えましょう。

① 机の上に本が一冊あります。

桌子（书　一本　上　有）。→ ______

Zhuōzi shū　yìběn　shang　yǒu

（★ 桌子 zhuōzi 名 机）

② わたしは千メートル泳げる。

我（米　游　1000　能）。→ ______

Wǒ　mǐ　yóu　yìqiān　néng

③ これは彼が書いた字です。

这　是（的　字　写　他）。→ ______

Zhè　shì　de　zì　xiě　tā

3 中国語の音声を聞いて，空欄に簡体字で語句を補いましょう

DL 74　CD 74

① 房间（　　　　）贴（　　　　）很　多　照片。

Fángjiān　　tiē　　hěn　duō　zhàopiàn.

② 我（　　　　）（　　　　）游　一百　米。

Wǒ　　　　yóu　yìbǎi　mǐ.

③ 我　家（　　　　）（　　　　）一　个　邮局。

Wǒ　jiā　　　　yí　ge　yóujú.

4 次の日本語を中国語に訳しましょう。

① 学校の中にコンビニが一軒あります。

______

② あなたは泳げますか。

______

③ わたしは千メートル泳げるようになりました。

______

第十三课 Dì shísān kè

我 胃口 特别 好。
Wǒ wèikǒu tèbié hǎo.

目標
1. ひとに何かを「させる」「させない」を表現できる。
2. 自分やものごとの状態や調子を表現できる。

単語表

DL 75
CD 75

	中国語	ピンイン		
本文				
1	出去	chūqu	動	出て行く
2	吃饭	chī//fàn	動	ご飯を食べる
3	点	diǎn	動	注文する
4	菜	cài	名	料理，食材
5	担心	dānxīn	動	心配する
6	让	ràng	動	～させる
7	那么	nàme	代	あんなに，そんなに
8	不过	búguò	接	しかし，でも
9	胃口	wèikǒu	名	食欲
10	特别	tèbié	副	とりわけ，特別
11	后	hòu	名	のち，後
12	还	hái	副	さらに
13	不	bù	副	動詞と補語の間において不可能を表す
14	下	xià	動	下りる
15	把	bǎ	介	～を
16	份儿	fènr	量	組や揃いになっているものを数える
17	经常	jīngcháng	副	よく，しょっちゅう
18	外面	wàimiàn	名	外
ポイント				
19	跑	pǎo	動	走る
20	出来	chūlai	動	出て来る
21	进去	jìnqu	動	入っていく
22	明天	míngtiān	名	明日
23	得	de	助	動詞と補語の間において可能を表す　第14課
24	小说	xiǎoshuō	名	小説
25	今天	jīntiān	名	今日
26	报告	bàogào	名	レポート
27	用	yòng	動	使う，用いる
28	手机	shǒujī	名	携帯電話
29	个子	gèzi	名	背丈，身長
30	真	zhēn	副	とても，本当に
31	认真	rènzhēn	形	まじめだ
32	放	fàng	動	置く，入れる
33	书架	shūjià	名	本棚，書架
34	吧	ba	助	相談・忠告・勧めを表す　第6課ポイント

DL 76
CD 76

本文

食欲旺盛な林剛さんは林玲さんと食事に行きましたが、一体どれだけ食べたのでしょう。

昨天 我 和 林 玲 出去 吃饭 了。
Zuótiān wǒ hé Lín Líng chūqu chīfàn le.

我 点了 很 多 菜。林 玲 担心 我们
Wǒ diǎnle hěn duō cài. Lín Líng dānxīn wǒmen

吃不完，不 让 我 点 那么 多 菜。不过，
chībuwán, bú ràng wǒ diǎn nàme duō cài. Búguò,

我 胃口 特别 好。吃完 饭 后，我 还
wǒ wèikǒu tèbié hǎo. Chīwán fàn hòu, wǒ hái

点了 甜点。
diǎnle tiándiǎn.

林 玲 吃不下 了，我 吃完了 我 的
Lín Líng chībuxià le, wǒ chīwánle wǒ de

甜点，还 把 林 玲 的 那 份儿 也 吃 了。
tiándiǎn, hái bǎ Lín Líng de nà fènr yě chī le.

你们 也 经常 在 外面 吃饭 吗？
Nǐmen yě jīngcháng zài wàimiàn chīfàn ma?

DL 77
CD 77

1 方向補語

1. 林 玲 跑出来 了。
   Lín Líng pǎochūlai le.

2. 林 玲 跑进 教室 去 了。
   Lín Líng pǎojìn jiàoshì qù le.

2 可能補語 動詞＋“得・不”＋結果補語／方向補語

1. 我 明天 看得完 这 本 小说。
   Wǒ míngtiān kàndewán zhè běn xiǎoshuō.

2. 我 今天 写不完 这个 报告。
   Wǒ jīntiān xiěbuwán zhège bàogào.

3 使役動詞“让”

1. 妈妈 让 我 去 超市 买 菜。
   Māma ràng wǒ qù chāoshì mǎi cài.

2. 姐姐 不 让 我 用 她 的 手机。
   Jiějie bú ràng wǒ yòng tā de shǒujī.

4 主述述語文

1. 他 个子 真 高。
   Tā gèzi zhēn gāo.

2. 哥哥 学习 很 认真。
   Gēge xuéxí hěn rènzhēn.

5 介詞“把”

1. 你 把 这 本 书 放在 书架上 吧。
   Nǐ bǎ zhè běn shū fàngzài shūjiàshang ba.

2. 我 还 没 把 那 本 小说 看完。 結果補語・第 11 課参照
   Wǒ hái méi bǎ nà běn xiǎoshuō kànwán.

3. 他 把 我 的 甜点 吃 了。
   Tā bǎ wǒ de tiándiǎn chī le.

1 中国語の音声を聞いて，ピンインと簡体字で書き取り，日本語に訳しましょう。 DL 78 CD 78

ピンイン	中国語	日本語
① ______	______	______
② ______	______	______
③ ______	______	______

2 日本語をヒントに，（　　）の語句を並べ替えましょう。

① 昨日彼らはご飯を食べに出かけました。

昨天（吃饭　出去　他们　了）。→ ______

Zuótiān chīfàn chūqu tāmen le

② 母はわたしに遊びに行かせません。

妈妈（我　玩儿　去　不让）。→ ______

Māma wǒ wánr qù bú ràng

③ 彼女はわたしが食べおわれないのを心配している。

（担心　吃不完　她　我）。→ ______

dānxīn chībuwán tā wǒ

3 中国語の音声を聞いて，空欄に簡体字で語句を補いましょう DL 79 CD 79

① 爸爸　不（　　　　）我（　　　　）林刚　去　旅游。

Bàba bú wǒ Lín Gāng qù lǚyóu.

② 我（　　　　）（　　　　）好。

Wǒ hǎo.

③ 他（　　　　）不（　　　　）了。

Tā bù le.

4 次の日本語を中国語に訳しましょう。

① わたしは料理を２品注文しました。

______

② 弟がわたしのデザートも食べてしまった。（“把” を使って）

______

③ わたしの兄は勉強が忙しい。(「忙しい」は “忙 máng”)

______

第十三课

第十四课 Dì shísì kè

我 又 被 老师 批评 了。
Wǒ yòu bèi lǎoshī pīpíng le.

目標
1. 自分や相手の状況を様態補語や受け身で説明することができる。
2. すでにしたことを“是〜的”構文で説明することができる。

単語表

DL 80 CD 80

本文

	中国語	ピンイン		🇯🇵
1	睡	shuì	動	寝る
2	得	de	助	動詞・形容詞の後に用いて結果や程度を表す
3	晚	wǎn	形	（時間的に）遅い
4	老是	lǎoshì	副	いつも
5	起来	qǐ//lái	動	起きる
6	俱乐部	jùlèbù	名	クラブ 今は“社团”shètuán もよく用いられます。
7	活动	huódòng	名	活動
8	迟到	chídào	動	遅刻する
9	批评	pīpíng	動	叱る，注意する
10	又	yòu	副	また
11	训练	xùnliàn	動	訓練する
12	的	de	助	文末で已然を表す
13	被	bèi	介	(〜に)…される
14	快〜了	kuài~le		もうすぐ〜である
15	比赛	bǐsài	名	試合，コンクール，コンテスト，ゲーム
16	一定	yídìng	副	きっと，必ず
17	再	zài	副	また

ポイント

	中国語	ピンイン		🇯🇵
18	早	zǎo	形	早い
19	迪士尼乐园	Díshìní lèyuán	名	ディズニーランド
20	暑假	shǔjià	名	夏休み
21	护照	hùzhào	名	パスポート
22	偷	tōu	動	盗む
23	回国	huí//guó	動	帰国する
24	放	fàng	動	休みになる

本文

DL 81
CD 81

林剛さんは早起きが苦手で、今日も練習に遅刻してしまったようです。

我 最近 睡得 很 晚，早上 老是 起不来。
Wǒ zuìjìn shuìde hěn wǎn, zǎoshang lǎoshì qǐbulái.

昨天 我们 俱乐部 有 活动，我 迟到 了。
Zuótiān wǒmen jùlèbù yǒu huódòng, wǒ chídào le.

老师 批评了 我。今天 我 又 去晚 了。
Lǎoshī pīpíngle wǒ. Jīntiān wǒ yòu qùwǎn le.

游泳 队 九 点 半 训练，我 是 十 点
Yóuyǒng duì jiǔ diǎn bàn xùnliàn, wǒ shì shí diǎn

半 到 的。我 又 被 老师 批评 了。
bàn dào de. Wǒ yòu bèi lǎoshī pīpíng le.

快 比赛了，明天 我 一定 不能 再 迟到 了。
Kuài bǐsài le, míngtiān wǒ yídìng bù néng zài chídào le.

你们 被 老师 批评过 吗？
Nǐmen bèi lǎoshī pīpíngguo ma?

POINT ポイント

DL 82
CD 82

1 様態補語

1. 你　今天　来得　很　早。
Nǐ jīntiān láide hěn zǎo.

2. 他　写　字　写得　很　漂亮！
Tā xiě zì xiěde hěn piàoliang!

2 「また～」を表す副詞 ──“又”“再”

1. 我　昨天　又　去　迪士尼乐园　了。
Wǒ zuótiān yòu qù Díshìnílèyuán le.

2. 我　想　暑假　再　去　一　次　迪士尼乐园。
Wǒ xiǎng shǔjià zài qù yí cì Díshìnílèyuán.

3 “（是）～的” 実現済みの動作の主体・時間・場所・方式・目的などを強調

1. 我　今天　是　八　点　半　来　学校　的。
Wǒ jīntiān shì bā diǎn bàn lái xuéxiào de.

2. 我　是　走着　来　的。
Wǒ shì zǒuzhe lái de.

3. 这个　巧克力　是　在　东京　买　的。
Zhège qiǎokèlì shì zài Dōngjīng mǎi de

4 受け身

1. 我　的　马卡龙　被　妹妹　吃　了。
Wǒ de mǎkǎlóng bèi mèimei chī le.

2. 老师　的　护照　被　偷　了。
Lǎoshī de hùzhào bèi tōu le.

5 近接未来表現 ──少し時間が経過すれば実現すること

1. 他　快　回　国　了。
Tā kuài huí guó le.

2. 我们　快　二十　岁　了。
Wǒmen kuài èrshí suì le.

1 中国語の音声を聞いて，ピンインと簡体字で書き取り，日本語に訳しましょう。 DL 83 CD 83

ピンイン	中国語	日本語
① ＿＿＿＿＿＿	＿＿＿＿＿＿	＿＿＿＿＿＿
② ＿＿＿＿＿＿	＿＿＿＿＿＿	＿＿＿＿＿＿
③ ＿＿＿＿＿＿	＿＿＿＿＿＿	＿＿＿＿＿＿

2 日本語をヒントに，（　　）の語句を並べ替えましょう。

① もうすぐ12時です。

（十二　快　了　点）。→ ＿＿＿＿＿＿＿＿＿＿＿＿＿＿＿＿
shí'èr　kuài　le　diǎn

② わたしは今日東京に来ました。

我（今天　东京　来　是）的。→ ＿＿＿＿＿＿＿＿＿＿＿＿＿＿＿＿
Wǒ　jīntiān　Dōngjīng　lái　shì　de.

③ 彼は中国語を話すのが上手です。

他 说（汉语　很好　得　说）。→ ＿＿＿＿＿＿＿＿＿＿＿＿＿＿＿＿
Tā shuō Hànyǔ　hěn hǎo　de　shuō

3 中国語の音声を聞いて，空欄に簡体字で語句を補いましょう DL 84 CD 84

① 我（　　　　　）八 点 到（　　　　　）。
Wǒ　　　　　bā diǎn dào　　　　　.

② 他（　　　　　）来（　　　　　）了。
Tā　　　　　lái　　　　　le.

③ 我 的 书包（　　　　　）（　　　　　）了。
Wǒ de shūbāo　　　　　　　　　　le.

4 次の日本語を中国語に訳しましょう。

① わたしは最近寝るのが遅い。

＿＿＿＿＿＿＿＿＿＿＿＿＿＿＿＿＿＿＿＿

② もうすぐ試合です。

＿＿＿＿＿＿＿＿＿＿＿＿＿＿＿＿＿＿＿＿

③ わたしはまた先生に注意されました。

＿＿＿＿＿＿＿＿＿＿＿＿＿＿＿＿＿＿＿＿

索 引

关	guān	動	しめる	12課ポイント
关西漫步	Guānxīmànbù	名	雑誌 *Kansai walker*	11課
国立竞技场	Guólìjìngjìchǎng	名	国立競技場	13課ドリル
过	guo	助	～したことがある	11課

H

还	hái	副	まだ	11課
		副	さらに	13課
还是	háishi	接	～それとも…，やはり	7課
海鲜饭	hǎixiānfàn	名	（スペイン料理の）パエリア	12課ドリル
韩国	Hánguó	名	韓国	12課ドリル
寒假	hánjià	名	冬休み	11課
汉堡包	hànbǎobāo	名	ハンバーガー	5課ドリル
汉语	Hànyǔ	名	中国語	7課ポイント
好	hǎo	形	よい	6課
好吃	hǎochī	形	おいしい	7課
喝	hē	動	飲む	5課
和	hé	接	～と…	5課
	hé	介	～と	8課ポイント
盒饭	héfàn	名	弁当	5課ポイント
和歌山	Hégēshān	名	和歌山	7課ドリル
和果子	héguǒzi	名	和菓子	7課ドリル
黑板	hēibǎn	名	黒板	12課ポイント
很	hěn	副	とても	7課
红茶	hóngchá	名	紅茶	5課ポイント
后	hòu	名	のち，後	13課
护照	hùzhào	名	パスポート	14課ポイント
话	huà	名	はなし，ことば	11課ポイント
环球影城	Huánqiúyǐngchéng	名	ユニバーサルスタジオ	11課
回国	huí//guó	動	帰国する	14課ポイント
会	huì	助動	～できる	12課
活动	huódòng	名	活動	14課

J

几	jǐ	代	いくつ（10くらいまで）	8課ポイント
		代	時刻を尋ねるときに用いる	9課
家	jiā	名	いえ	7課
		量	（会社・店などを数える）	7課ポイント
家里	jiāli		いえ	13課ドリル
加拿大	Jiānádà	名	カナダ	6課ドリル
教	jiāo	動	教える	10課
饺子	jiǎozi	名	ギョーザ	7課
叫	jiào	動	（姓名，名を）～という	6課
教室	jiàoshì	名	教室	12課ポイント
姐妹	jiěmèi	名	姉妹，姉と妹	8課
今年	jīnnián	名	今年	8課
今天	jīntiān	名	今日	13課ポイント
近	jìn	形	近い	9課ポイント
进去	jìnqu	動	入っていく	13課ポイント
京都	Jīngdū	名	京都（地名）	7課ドリル、8課
经常	jīngcháng	副	よく，しょっちゅう	13課
经济学	jīngjìxué	名	経済学	6課ドリル
就	jiù	副	すぐに	13課ドリル
居酒屋	jūjiǔwū	名	居酒屋	10課ドリル
俱乐部	jùlèbù	名	クラブ	14課
决定	juédìng	動	決める，決定する	11課

K

咖啡	kāfēi	名	コーヒー	5課
咖啡馆	kāfēiguǎn	名	カフェ，コーヒーショップ	10課ドリル
卡布奇诺	kǎbùqínuò	名	カプチーノ	5課ドリル
开	kāi	動	開く，開ける	12課ポイント
开车	kāi chē		車を運転する，車で	9課ドリル
开会	kāi huì		会議をする，会議に出る	14課ドリル
开学	kāi xué		学期が始まる	14課ドリル
看	kàn	動	見る，読む	6課ポイント
考虑	kǎolǜ	動	考慮する	11課
考试	kǎoshì	名	テスト，試験	14課ドリル
		動	テスト・試験する	14課ドリル
可口可乐	kěkǒukělè	名	コカコーラ	5課ドリル
可以	kěyǐ	助動	～できる，～してよい	12課ポイント
刻	kè	量	時間の単位“一刻”は15分	9課
课本	kèběn	名	テキスト，教科書	5課ポイント
口	kǒu	量	～人（家族を数える）	8課
快～了	kuài~le		もうすぐ～である	14課
困	kùn	形	眠たい	14課ドリル

L

拉面	lāmiàn	名	ラーメン	6課ポイント
啦	la	助	感嘆の口調を表す	12課ドリル
来	lái	動	来る	9課
姥姥	lǎolao	名	祖母，おばあさん（母方）	8課ポイント
老是	lǎoshì	副	いつも	14課
老师	lǎoshī	名	（学校の）先生	5課ポイント
了	le	助	完了を表す（文末では変化の意味を含む）	11課
		助	～なる，～なった（変化を表す）	12課
累	lèi	形	疲れている	14課ドリル
离	lí	介	～から，～まで	9課
里	li	名	～の中（場所を表す）	12課
礼物	lǐwù	名	プレゼント	10課ポイント
凉快	liángkuai	形	涼しい	12課ポイント
两	liǎng	数	2（数量を表す）	8課
聊天儿	liáotiānr	動	おしゃべりする	12課ドリル
留学	liú//xué	動	留学する	10課ポイント
留学生	liúxuéshēng	名	留学生	5課ポイント
罗马字	luómǎzì	名	ローマ字	12課ポイント
旅游	lǚyóu	動	旅行する	10課ポイント

M

吗	ma	助	～ですか（疑問を表す）	6課
妈妈	māma	名	お母さん，母	8課
马卡龙	mǎkǎlóng	名	マカロン	6課ポイント
买	mǎi	動	買う	5課ポイント
没	méi	副	～していない（完了·実現·経験·進行を否定する）	11課
没有	méiyǒu	動	ない（“有”の否定）	8課

		動	～ほど…ではない	8課ポイント
每	měi	代	～ごとに "每天" は毎日	9課
美国	Měiguó	名	アメリカ（国名）	9課
美国人	Měiguórén	名	アメリカ人	6課ポイント
妹妹	mèimei	名	妹	8課ポイント
门	mén	名	ドア	12課ポイント
米	mǐ	量	メートル	8課ポイント
面包	miànbāo	名	パン	5課
面条	miàntiáo	名	麺	7課
名古屋	Mínggǔwū	名	名古屋（地名）	9課ポイント
名胜	míngshèng	名	名所	7課
明天	míngtiān	名	明日	13課ポイント
墓	mù	名	墓	7課

N

拿铁咖啡	nátiě kāfēi	名	カフェラテ	5課ドリル
哪	nǎ	代	どれ	5課ポイント
那	nà	代	あれ	5課
哪里	nǎli	代	どこ	10課
那里	nàli	代	そこ，あそこ	10課
那么	nàme	代	あんなに，そんなに	13課
哪儿	nǎr	代	どこ	7課ポイント
那儿	nàr	代	あそこ，そこ	7課
奶昔	nǎixī	名	シェイク	6課ポイント
难	nán	形	難しい	7課ポイント
呢	ne	助	～は？（省略疑問文を作る）	6課
		助	～しているところ（持続感を表す）	11課ポイント
		助	文末で疑問の語気を表す	13課ドリル
能	néng	助動	～できる	12課
你	nǐ	代	あなた	5課ポイント
你们	nǐmen	代	あなたたち	5課
你们班	nǐmen bān		あなたのクラス	8課ドリル
年纪	niánjì	名	年齢	8課ポイント
您	nín	代	"你" の敬称	5課ポイント
牛奶	niúnǎi	名	牛乳	5課

O

偶像	ǒuxiàng	名	アイドル	12課

P

跑	pǎo	動	走る	13課ポイント
批评	pīpíng	動	叱る，注意する	14課
漂亮	piàoliang	形	きれいである	7課
苹果汁	píngguǒzhī	名	アップルジュース	5課ドリル

Q

骑	qí	動	（またがって）乗る	9課ドリル
起	qǐ	動	起きる	14課ドリル
起来	qǐ//lái	動	起きる	14課
起床	qǐ//chuáng	動	起床する	9課
钱包	qiánbāo	名	財布	7課ポイント
前边儿	qiánbianr	名	前，前の方	12課ポイント
巧克力	qiǎokèlì	名	チョコレート	6課ポイント
晴空塔	Qíngkōngtǎ	名	スカイツリー	11課ドリル
去	qù	動	行く	7課ポイント

R

让	ràng	動	～させる	13課
热闹	rènao	形	にぎやかだ	7課ポイント
人	rén	名	ひと，人	8課
认真	rènzhēn	形	まじめだ	13課ポイント
日本人	Rìběnrén	名	日本人	5課
日语	Rìyǔ	名	日本語	10課ポイント

S

上	shang	名	～のうえ	12課ポイント
商场	shāngchǎng	名	デパート	10課ドリル
上课	shàng//kè	動	授業に出る，授業をする	9課
社会学	shèhuìxué	名	社会学	6課ドリル
谁	shéi	代	だれ，どなた	5課ポイント
神户	shénhù	名	神戸（地名）	8課ドリル
什么	shénme	代	なに，どんな	5課
时间	shíjiān	名	時間	9課ポイント
是	shì	動	～は…である	5課
手机	shǒujī	名	携帯電話	13課ポイント
书	shū	名	本，書籍	8課
书包	shūbāo	名	かばん	8課ポイント
蔬菜汤	shūcàitāng	名	（イタリア料理の）ミネストローネ	12課ドリル
书店	shūdiàn	名	本屋	10課ポイント
书架	shūjià	名	本棚，書架	13課ポイント
暑假	shǔjià	名	夏休み	14課ポイント
睡	shuì	動	寝る	14課
说	shuō	動	言う，話す	11課ポイント
私塾	sīshú	名	塾，学習塾，予備校	10課
寺庙	sìmiào	名	寺院，寺	7課ドリル
素食	sùshí	名	精進料理	7課ドリル
岁	suì	量	～歳	8課
所以	suǒyǐ	接	それゆえ，だから	12課

T

他	tā	代	彼	5課ポイント
她	tā	代	彼女	5課ポイント
他们	tāmen	代	彼ら	5課ポイント
她们	tāmen	代	彼女たち	5課ポイント
台湾	Táiwān	名	台湾	6課ドリル
太～了	tài~le		～すぎる，とても	14課ドリル
特别	tèbié	副	とりわけ，特別	13課
天	tiān	量	～日，～日間（日数）	9課
天气	tiānqì	名	天気	12課ポイント
甜点	tiándiǎn	名	デザート	8課ポイント
贴	tiē	動	貼る	12課
听	tīng	動	聞く	11課ポイント
偷	tōu	動	盗む	14課ポイント
图书馆	túshūguǎn	名	図書館	10課ポイント

W

外面	wàimiàn	名	そと	13課
完	wán	動	終わる，終える	11課
玩儿	wánr	動	遊ぶ	11課
晚	wǎn	形	（時間的に）遅い	14課
晚饭	wǎnfàn	名	夕食，晚ごはん	9課ポイント
晚上	wǎnshang	名	よる	14課ドリル
喂	wéi	感	もしもし（電話での表現）	13課ドリル
胃口	wèikǒu	名	食欲	13課
为什么	wèishénme		なぜ、どうして（理由をたずねる）	14課ドリル
文学	wénxué	名	文学	6課ドリル
我	wǒ	代	わたし	5課ポイント
我们	wǒmen	代	わたしたち	5課ポイント
我们班	wǒmen bān		わたしのクラス	8課ドリル

X

西安	Xī'ān	名	西安（地名）	7課
西班牙	Xībānyá	名	スペイン	12課ドリル
喜欢	xǐhuan	動	好きである	7課
下	xià	動	下りる	13課
现在	xiànzài	名	今，現在	9課ポイント
想	xiǎng	助動	～したい	10課ポイント
		動	考える	11課ポイント
想法	xiǎngfǎ	名	アイデア，考え方	7課ポイント
小	xiǎo	形	小さい，年下である	8課ポイント
小时	xiǎoshí	名	時間（60分）	9課
小说	xiǎoshuō	名	小説	13課ポイント
写	xiě	動	書く	12課ポイント
新闻学	xīnwénxué	名	ジャーナリズム	6課ドリル
星期	xīngqī	名	「週」を表す	4課、10課
星期四	xīngqīsì	名	木曜日	10課
星期一	xīngqīyī	名	月曜日	10課
姓	xìng	動	～という姓である	6課
兄弟	xiōngdì	名	兄弟，兄と弟	8課
选	xuǎn	動	選択する，履習する	12課ドリル
选手	xuǎnshǒu	名	選手	12課
学生	xuésheng	名	学生，生徒	6課
学习	xuéxí	動	勉強する	10課ポイント
学校	xuéxiào	名	学校	7課ポイント
训练	xùnliàn	動	訓練する	14課

Y

要	yào	動	（時間・お金が）要る，かかる	9課
也	yě	副	～もまた	6課
一定	yídìng	副	きっと，必ず	14課
一样	yíyàng	形	同じである	8課ポイント
以后	yǐhòu	名	以後，～のあと	11課
以前	yǐqián	名	以前，～のまえ	12課
意大利	Yìdàlì	名	イタリア	12課ドリル
意大利面	Yìdàlìmiàn	名	パスタ，スパゲッティ	12課ドリル
一点	yìdiǎn	量	少し，ちょっと	12課ドリル
一起	yìqǐ	副	一緒に	11課
英语	Yīngyǔ	名	英語	6課練習問題、7課ポイント
用	yòng	動	使う，用いる	12課ドリル、13課ポイント
游	yóu	動	泳ぐ	12課
游泳	yóu//yǒng	動	泳ぐ	12課
		名	水泳	12課
邮局	yóujú	名	郵便局	7課ポイント
邮票	yóupiào	名	切手	8課ポイント
游戏	yóuxì	名	ゲーム	11課ポイント
有	yǒu	動	持っている，ある，いる	7課
有名	yǒumíng	形	有名である	7課ドリル
有意思	yǒu yìsi		おもしろい	10課
又	yòu	副	また	14課
远	yuǎn	形	遠い	9課

Z

在	zài	動	～にある，～にいる	7課
		介	～で，～に（場所を示す）	10課
		副	～している（ところである）	11課ポイント
再	zài	副	また	14課
早	zǎo	形	早い	14課ポイント
早点儿	zǎodiǎnr		はやめに	14課ドリル
早饭	zǎofàn	名	朝食，朝ごはん	9課
早上	zǎoshang	名	あさ	5課
怎么	zěnme	代	どのように（方法を尋ねる）	9課
		代	なぜ，どうして	13課ドリル
怎么了	zěnme le		どうしたのですか（様子をたずねる）	14課ドリル
札幌	Zháhuǎng	名	札幌（地名）	11課ドリル
张	zhāng	量	～枚	8課ポイント
找	zhǎo	動	探す	11課ポイント
照片	zhàopiàn	名	写真	12課
这	zhè	代	これ	5課
着	zhe	助	～ている，～てある（様子や状態の持続を表す）	12課
这个	zhège	代	これ，この一つ	8課ポイント
这儿	zhèr	代	ここ，そこ	7課ポイント
真	zhēn	副	とても，本当に	13課ポイント
正在	zhèngzài	副	まさに～している	11課
知道	zhīdao	動	知っている，わかっている	7課
芝麻豆腐	zhīmá dòufu	名	ごま豆腐	7課ドリル
只	zhǐ	副	ただ～だけ	12課
中国人	Zhōngguórén	名	中国人	5課
钟楼	Zhōnglóu	名	時計台	11課ドリル
重	zhòng	形	重い	8課ポイント
专业	zhuānyè	名	専門，専攻	6課
桌子	zhuōzi	名	机	12課練習問題
紫菜包饭	zǐcàibāofàn	名	キムパ，韓国風のり巻き	12課ドリル
字	zì	名	字，文字	12課ポイント
自行车	zìxíngchē	名	自転車	9課ドリル
走着	zǒuzhe		徒歩で，歩いて	9課ドリル、10課
足球比赛	zúqiú bǐsài		サッカーの試合	13課ドリル
最	zuì	副	もっとも	7課
昨天	zuótiān	名	昨日	11課
坐	zuò	動	乗る，座る	9課

做	zuò	動 する，作る	11課ポイント
做报告	zuò bàogào	報告・発表をする	14課ドリル
做菜	zuò cài	料理をする	12課ドリル
作业	zuòyè	名 宿題	13課ドリル

学籍番号　　　　　　　　　　名前

1 次の写真・絵をヒントに，中国語の会話を完成させましょう。

卡布奇诺
kǎbùqínuò

拿铁咖啡
nátiě kāfēi

★ 卡布奇诺 kǎbùqínuò 名 カプチーノ
拿铁咖啡 nátiě kāfēi 名 カフェラテ

A: 这　是　什么？
Zhè　shì　shénme?

B: ________________________。

A: ________________________？

B: 那　是 __________ 。
Nà　shì　　　　　　.

A: 你　喝　什么？
Nǐ　hē　shénme?

B: ________________________。

2 次の語句を発音して覚えましょう。その上で，問題１を参考にして会話を組み立てましょう。　DL 85　CD 85

汉堡包 hànbǎobāo 名 ハンバーガー
冰淇淋 bīngqílín 名 アイスクリーム
可口可乐 kěkǒukělè 名 コカコーラ
橙汁 chéngzhī 名 オレンジジュース
苹果汁 píngguǒzhī 名 アップルジュース

3 次の中国語の文の（　　）に“吃”“喝”“是”“什么”“谁”から適語を入れて，日本語に訳しましょう。

1. 我（　　　　　）面包。　________________________
Wǒ　　　　　　miànbāo.

2. （　　　　　）是　学生？　________________________
shì　xuésheng?

3. 你　吃（　　　　　）？　________________________
Nǐ　chī　　　　　　?

4. 她（　　　　　）老师。　________________________
Tā　　　　　　lǎoshī.

5. 他们（　　　　　）可口可乐。　________________________
Tāmen　　　　　　kěkǒukělè.

4 次の日本語を中国語に訳したときに，下線部にあたるものを簡体字で書きましょう。

1. だれが大学生ですか。

____

2. パンを食べる。

____

3. コーヒーを飲む。

____

5 本文の内容と各 Step の説明をヒントに自分のことを説明してみましょう。

テーマ：自己紹介1（食べ物・飲み物、国籍）

Step. 1 这 是 ____________ 和 ____________。（食べ物・飲み物）
Zhè shì hé .

Step. 2 我 是 ____________。（国籍）
Wǒ shì .

Step. 3 我 早上 吃 ____________，喝 ____________。（Step1 から）
Wǒ zǎoshang chī ，hē .

学籍番号　　　　　　　名前

1 次の写真・絵をヒントに，中国語の会話を完成させましょう。

山本太郎
Shānběn Tàiláng

英语课本
Yīngyǔ kèběn

A: 这　是 ＿＿＿＿＿？（疑問詞）
Zhè　shì　　　　　？

B: 这　是 ＿＿＿＿＿，他　是 ＿＿＿＿＿ 人。（ひとの名前、国籍）
Zhè　shì　　　　　，tā　shì　　　　　rén.

A: 他　是　大学生　吗？
Tā　shì dàxuéshēng ma?

B: 对，他　是 ＿＿＿＿＿ 大学　的　学生。（学校名）
Duì, tā　shì　　　　　dàxué　de　xuésheng.

A: 他　的　专业　是 ＿＿＿＿＿？（疑問詞）
Tā　de　zhuānyè shì　　　　　？

B: 他　的　专业　是 ＿＿＿＿＿。（分野や科目）
Tā　de　zhuānyè shì　　　　　.

2 次の語句を発音して覚えましょう。その上で，問題1を参考にして会話を組み立てましょう。

DL 86
CD 86

台湾 Táiwān [名] 台湾
加拿大 Jiānádà [名] カナダ
经济学 jīngjìxué [名] 経済学
文学 wénxué [名] 文学
新闻学 xīnwénxué [名] ジャーナリズム
社会学 shèhuìxué [名] 社会学

3 次の中国語の文の（　）に“是”“喝”“叫”“姓”“吃”から適語を入れて，日本語に訳しましょう。

1. 你（　　　　　）汉堡包。 ＿＿＿＿＿＿＿＿＿＿
Nǐ　　　　hànbǎobāo.

2. 我（　　　　　）林。 ＿＿＿＿＿＿＿＿＿＿
Wǒ　　　　Lín.

3. 他（　　　　　）红茶。 ＿＿＿＿＿＿＿＿＿＿
Tā　　　　hóngchá.

4. 她（　　　　　）学生　吧？ ＿＿＿＿＿＿＿＿＿＿
Tā　　　　xuésheng ba?

5. 我（　　　　　）林　玲。 ＿＿＿＿＿＿＿＿＿＿
Wǒ　　　　Lín Líng.

4 次の日本語を中国語に訳したときに，下線部にあたるものを簡体字で書きましょう。

1. わたしは林剛<u>と申します</u>。

____

2. 彼女はコーヒーを<u>飲みます</u>。

____

3. 彼は弁当を<u>買いません</u>。

____

5 本文の内容と各 Step の説明をヒントに自分のことを説明してみましょう。

テーマ：自己紹介１（食べ物・飲み物、国籍）

Step. 1 我 叫 __________________。（自分の氏名（姓＋名））
Wǒ jiào .

Step. 2 我 是 ______________ 大学 的 学生。（学校名）
Wǒ shì dàxué de xuésheng.

Step. 3 我 的 专业 是 ______________ 。（専門）
Wǒ de zhuānyè shì .

学籍番号　　　　　　名前

1 次の写真・絵をヒントに，中国語の会話を完成させましょう。

京都
Jīngdū

和果子
héguǒzi

★ 和果子 héguǒzi [名] 和菓子

A: 我 家 在 ＿＿＿＿＿ 。你 知道 ＿＿＿＿＿ 吗？（地名、地名）
Wǒ jiā zài . Nǐ zhīdao ma?

B: 当然 知道。＿＿＿＿＿ 很 有名。
Dāngrán zhīdao. hěn yǒumíng.

★ 当然 dāngrán [副] もちろん
有名 yǒumíng [形] 有名である

A: ＿＿＿＿＿ 有 很 多 名胜 古迹。
yǒu hěn duō míngshèng gǔjì.

B: ＿＿＿＿＿ 的 ＿＿＿＿＿ 很 好吃。（地名、食べ物）
de hěn hǎochī.

A: 对，我 很 喜欢 吃 ＿＿＿＿＿ 。你 呢？
Duì, wǒ hěn xǐhuan chī . Nǐ ne?

B: 我 也 很 喜欢 吃 ＿＿＿＿＿ 。
Wǒ yě hěn xǐhuan chī .

2 次の語句を発音して覚えましょう。その上で，問題1を参考にして会話を組み立てましょう。

DL 87
CD 87

和歌山 Hégēshān [名] 和歌山　　高野山 Gāoyěshān [名] 高野山
寺庙 sìmiào [名] 寺院，寺　　素食 sùshí [名] 精進料理
芝麻豆腐 zhīmá dòufu [名] ごま豆腐

3 次の中国語の文の（　）に "很" "有" "喜欢" "在" "还是" から適語を入れて，日本語に訳しましょう。

1. 京都（　　　　）很 多 名胜 古迹。＿＿＿＿＿＿＿＿＿＿
Jīngdū hěn duō míngshèng gǔjì.

2. 你 喝 咖啡，（　　　　）喝 红茶？＿＿＿＿＿＿＿＿＿＿
Nǐ hē kāfēi, hē hóngchá?

3. 兵马俑（　　　　）西安。＿＿＿＿＿＿＿＿＿＿
Bīngmǎyǒng Xī'ān.

4. 西安（　　　　）漂亮。＿＿＿＿＿＿＿＿＿＿
Xī'ān piàoliang.

5. 我 很（　　　　）吃 面条。＿＿＿＿＿＿＿＿＿＿
Wǒ hěn chī miàntiáo.

4 次の日本語を中国語に訳したときに，下線部にあたるものを簡体字で書きましょう。

1. わたしはギョーザを食べるのが好きです。

____

2. 銀行はコンビニの向かいにあります。

____

3. 彼はそこにいます。

____

5 本文の内容と各 Step の説明をヒントに自分のことを説明してみましょう。

テーマ：自分のまち

Step. 1 我 家 在 ________。你们 知道 ________ 吗？（地名）
Wǒ jiā zài ________. Nǐmen zhīdao ________ ma?

Step. 2 ________ 有 ________。（地名、名所・お薦めスポット）
yǒu .

Step. 3 ________ 的 ________ 也 很 好吃。
de yě hěn hǎochī.

我 很 喜欢 吃 ________。（地名、食べ物）
Wǒ hěn xǐhuan chī ________.

学籍番号　　　　　　　　名前

1 次の写真・絵をヒントに，中国語の会話を完成させましょう。

东京 / 京都 / 神户
Dōngjīng Jīngdū Shénhù

A 家
ēi jiā

B 家
bì jiā

A: ＿＿＿＿＿＿＿＿＿＿＿＿＿＿＿＿＿＿？（場所を尋ねる）

B: 我 家 在 ＿＿＿＿＿＿。你 呢？
Wǒ jiā zài ＿＿＿＿＿＿. Nǐ ne?

A: 我 家 在 ＿＿＿＿＿＿。
Wǒ jiā zài ＿＿＿＿＿＿.

B: ＿＿＿＿＿＿＿＿＿＿＿＿＿＿＿＿＿＿？（家族の人数を尋ねる）

A: 我 家 有 ＿＿＿＿＿＿ 口 人。你 呢？
Wǒ jiā yǒu ＿＿＿＿＿＿ kǒu rén. Nǐ ne?

B: 我 家 有 ＿＿＿＿＿＿ 口 人。
Wǒ jiā yǒu ＿＿＿＿＿＿ kǒu rén.

2 次の語句を発音して覚えましょう。その上で，問題1を参考にして会話を組み立てましょう。　DL 88　CD 88

你们班 nǐmen bān あなたのクラス　　我们班 wǒmen bān わたしのクラス
多少 duōshao 代 どれくらい　　学生 xuésheng 名 学生　　老师 lǎoshī 名 先生

3 次の中国語の文の（　　）に"没有""口""和""在""多"から適語を入れて，日本語に訳しましょう。

1. 我 家（　　　　）京都。＿＿＿＿＿＿＿＿＿＿＿＿
   Wǒ jiā Jīngdū.
2. 你（　　　　）重？＿＿＿＿＿＿＿＿＿＿＿＿
   Nǐ zhòng?
3. 我 家 有 四（　　　　）人。＿＿＿＿＿＿＿＿＿＿＿＿
   Wǒ jiā yǒu sì rén.
4. 我（　　　　）爸爸 一样 高。＿＿＿＿＿＿＿＿＿＿＿＿
   Wǒ bàba yíyàng gāo.
5. 我（　　　　）哥哥 高。＿＿＿＿＿＿＿＿＿＿＿＿
   Wǒ gēge gāo.

4 次の日本語を中国語に訳したときに，下線部にあたるものを簡体字で書きましょう。

1. わたしは今年18<u>歳</u>です。

____

2. 姉はわたしよりも2歳<u>年上です</u>。

____

3. 中国語は<u>難しい</u>ですか。

____

5 本文の内容と各 Step の説明をヒントに自分のことを説明してみましょう。

テーマ：自己紹介３（名前、年齢、家族）

Step. 1　我 叫 ____________，今年 ____________ 岁。（自分の氏名（姓＋名）、年齢）
Wǒ jiào , jīnnián suì.

Step. 2　我 家 在 ____________ 。（地名）
Wǒ jiā zài .

Step. 3　我 家 有 ______ 口 人，____________ 和 ______ 。（家族の人数と構成）
Wǒ jiā yǒu kǒu rén, hé .

学籍番号　　　　　　　　　名前

1 次の写真・絵をヒントに，中国語の会話を完成させましょう。

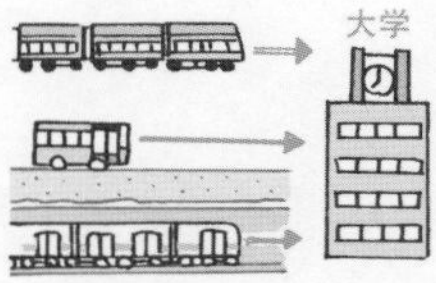

学校　　　　　　　坐 电车 / 公交车 / 地铁
xuéxiào　　　　　zuò diànchē gōngjiāochē dìtiě

★ 公交车 gōngjiāochē 名 バス

A: 你　家　离 ＿＿＿＿＿ 远　吗？（場所）
Nǐ jiā lí　　　　　yuǎn ma?

B: ＿＿＿＿＿＿＿＿＿＿＿＿＿＿＿。（“我家”を主語として同じ文型で答える。）

A: 你　每天 ＿＿＿＿＿ 去 ＿＿＿＿＿ ？（移動の方法（疑問詞）、行き先）
Nǐ měitiān　　　　　qù　　　　　?

B: 我　每天 ＿＿＿＿＿ 去 ＿＿＿＿＿ 。（移動の方法（動詞＋目的語）、行き先）
Wǒ měitiān　　　　　qù　　　　　.

A: 从 ＿＿＿＿＿ 到 ＿＿＿＿＿ ＿＿＿＿＿ 要　多　长　时间？（起点、行き先、移動の方法）
Cóng　　　　　dào　　　　　　　　　yào duō cháng shíjiān?

B: ＿＿＿＿＿ 。（時間の長さ）

2 次の語句を発音して覚えましょう。その上で，問題１を参考にして会話を組み立てましょう。

DL 89
CD 89

开车 kāi chē 車を運転する，車で
走着 zǒuzhe 徒歩で，歩いて（第 10 課・本文）
骑 qí 動（またがって）乗る
自行车 zìxíngchē 名 自転車

3 次の中国語の文の（　　）に “刻” “怎么” “半” “离” “几” から適語を入れて，日本語に訳しましょう。

1. 你们　学校（　　　　　）点　上课？ ＿＿＿＿＿＿＿＿＿＿＿＿＿＿
Nǐmen xuéxiào　　　　　diǎn shàngkè?

2. 我 七 点 一（　　　　　）去 学校。 ＿＿＿＿＿＿＿＿＿＿＿＿＿＿
Wǒ qī diǎn yí　　　　　qù xuéxiào.

3. 我 家（　　　　　）学校　很 近。 ＿＿＿＿＿＿＿＿＿＿＿＿＿＿
Wǒ jiā　　　　　xuéxiào hěn jìn.

4. 你（　　　　　）去　学校？ ＿＿＿＿＿＿＿＿＿＿＿＿＿＿
Nǐ　　　　　qù xuéxiào?

5. 我 六 点（　　　　　）吃　早饭。 ＿＿＿＿＿＿＿＿＿＿＿＿＿＿
Wǒ liù diǎn　　　　　chī zǎofàn.

4 次の日本語を中国語に訳したときに，下線部にあたるものを簡体字で書きましょう。

1. 銀行はわたしの家<u>から</u>遠い。

____

2. わたしは電車<u>で</u>学校に来ています。

____

3. ここから郵便局まで 20 分<u>かかる</u>。

____

5 本文の内容と各 Step の説明をヒントに自分のことを説明してみましょう。

テーマ：生活サイクル

Step. 1 我 每天 ______ 起床，______ 吃 早饭，______ 去 学校。（時刻、時刻、時刻）
Wǒ měitiān qǐchuáng, chī zǎofàn, qù xuéxiào.

Step. 2 我 每天 __________ 去 学校。（方法）
Wǒ měitiān qù xuéxiào.

从 我 家 到 学校 要 __________ 。（時間）
Cóng wǒ jiā dào xuéxiào yào .

Step. 3 我们 学校 ____________ 上课。（時刻）
Wǒmen xuéxiào shàngkè.

学籍番号 　　　　　　　　名前

1 次の写真・絵をヒントに，中国語の会話を完成させましょう。

超市
chāoshì

私塾
sīshú

A: 你 打工 吗？
Nǐ dǎgōng ma?

B: ＿＿＿＿ 附近 有 一 家 ＿＿＿＿，我 在 那里 打工。（場所、バイト先）
fùjìn yǒu yì jiā ，wǒ zài nàli dǎgōng.

A: 你 ＿＿＿＿ 去 几 次？（期間）
Nǐ qù jǐ cì?

B: 我 ＿＿＿＿ 去 ＿＿＿＿ 次。（期間、回数）
Wǒ qù cì.

A: 你 每 次 打 几 个 小时 工？
Nǐ měi cì dǎ jǐ ge xiǎoshí gōng?

B: 我 每 次 打 ＿＿＿＿ 个 小时 工。（時間の長さ）
Wǒ měi cì dǎ ge xiǎoshí gōng.

2 次の語句を発音して覚えましょう。その上で，問題 1 を参考にして会話を組み立てましょう。

DL 90
CD 90

超市 chāoshì 名 スーパーマーケット（第 9 課）
书店 shūdiàn 名 本屋
咖啡馆 kāfēiguǎn 名 カフェ，コーヒーショップ
商场 shāngchǎng 名 デパート
餐厅 cāntīng 名 レストラン
居酒屋 jūjiǔwū 名 居酒屋

3 次の中国語の文の（ ）に“家”“和”“在”“教”“想”から適語を入れて，日本語に訳しましょう。

1. 我（ ）便利店 打工。 ＿＿＿＿＿＿＿＿
Wǒ biànlìdiàn dǎgōng.

2. 我（ ）去 美国。 ＿＿＿＿＿＿＿＿
Wǒ qù Měiguó.

3. 我（ ）他 英语。 ＿＿＿＿＿＿＿＿
Wǒ tā Yīngyǔ.

4. 我 星期一（ ）星期二 去。 ＿＿＿＿＿＿＿＿
Wǒ xīngqīyī xīngqī'èr qù.

5. 我 家 附近 有 一（ ）便利店。
Wǒ jiā fùjìn yǒu yì biànlìdiàn.

＿＿＿＿＿＿＿＿

4 次の日本語を中国語に訳したときに，下線部にあたるものを簡体字で書きましょう。

1. わたしは本を<u>読みたい</u>。

____

2. 彼女は<u>図書館</u>で勉強します。

____

3. コンビニでアルバイトするのは<u>面白い</u>。

____

5 本文の内容と各 Step の説明をヒントに自分のことを説明してみましょう。

テーマ：アルバイト

Step. 1 我 在 __________ 打工。（アルバイト先）
Wǒ zài dǎgōng.

Step. 2 我 一 个 星期 去 ________ 次，________ 和 ________ 去。（回数、曜日・曜日）
Wǒ yí ge xīngqī qù cì, hé qù.

Step. 3 每 次 打 ________ 个 小时 工，（時間の長さ）
Měi cì dǎ ge xiǎoshí gōng,

在 ________ 打工 很 有 意思。（アルバイト先）
zài dǎgōng hěn yǒu yìsi.

学籍番号　　　　　　　　　　名前

1 次の写真・絵をヒントに，中国語の会話を完成させましょう。

大阪
Dàbǎn

环球影城
Huánqiúyǐngchéng

A: 你　喜欢　旅游　吗？
Nǐ　xǐhuan　lǚyóu　ma?

B: 我　很　喜欢　旅游，正在　考虑　去 ＿＿＿＿＿ 玩儿。（地名）
Wǒ　hěn　xǐhuan　lǚyóu,　zhèngzài　kǎolǜ　qù　　　wánr.

A: 你　打算　去　什么　地方？
Nǐ　dǎsuan　qù　shénme　dìfang?

B: 我　打算　去 ＿＿＿＿＿ 。（行き先（例：大阪なら「USJ」など））
Wǒ　dǎsuan　qù　　　.

A: 我　也　很　想　去。
Wǒ　yě　hěn　xiǎng　qù.

B: 我们 ＿＿＿＿＿ 一起　去　吧。（時期・いつ行くか）
Wǒmen　　　yìqǐ　qù　ba.

2 次の語句を発音して覚えましょう。その上で，問題１を参考にして会話を組み立てましょう。

DL 91
CD 91

东京 Dōngjīng 名 東京
晴空塔 Qíngkōngtǎ 名 スカイツリー
札幌 Zháhuǎng 名 札幌
迪士尼乐园 Díshìnílèyuán 名 ディズニーランド
大阪 Dàbǎn 名 大阪
钟楼 Zhōnglóu 名 時計台

3 次の中国語の文の（　）に“过”“在”“懂”“也”“了”から適語を入れて，日本語に訳しましょう。

1. 我（　　　　）想　去　京都。 ＿＿＿＿＿＿＿＿＿＿
Wǒ　　xiǎng　qù　Jīngdū.

2. 我　买（　　　　）一　本　书。 ＿＿＿＿＿＿＿＿＿＿
Wǒ　mǎi　　yì　běn　shū.

3. 你（　　　　）干　什么　呢？ ＿＿＿＿＿＿＿＿＿＿
Nǐ　　gàn　shénme　ne?

4. 我　去（　　　　）中国。 ＿＿＿＿＿＿＿＿＿＿
Wǒ　qù　　Zhōngguó.

5. 老师　的　话　我　都　听（　　　　）了。
Lǎoshī　de　huà　wǒ　dōu　tīng　　le.

＿＿＿＿＿＿＿＿＿＿

4 次の日本語を中国語に訳したときに，下線部にあたるものを簡体字で書きましょう。

1. わたしは<u>電話</u>をかけています。

____

2. 彼は<u>テレビを見て</u>います。

____

3. わたしは大阪に<u>行ったことがない</u>。

____

5 本文の内容と各 Step の説明をヒントに自分のことを説明してみましょう。

テーマ：旅行の予定

Step. 1 我 很 喜欢 旅游。我 还 没 去过 ________ ， 正在 考虑 ________ 去。
Wǒ hěn xǐhuan lǚyóu. Wǒ hái méi qùguo ________ , zhèngzài kǎolǜ ________ qù.
（行き先、時期）

Step. 2 ____________ 也 很 想 去 ____________ 。（ひとの名前、行き先）
____________ yě hěn xiǎng qù ____________ .

Step. 3 我们 打算 ____________ 一起 去。（時期）
Wǒmen dǎsuan ____________ yìqǐ qù.

学籍番号＿＿＿＿＿＿＿＿ 名前＿＿＿＿＿＿＿＿

1 次の写真・絵をヒントに，中国語の会話を完成させましょう。

菜谱
càipǔ

意大利面
Yìdàlìmiàn

★ 菜谱 càipǔ 名 レシピ
意大利面 Yìdàlìmiàn 名 パスタ，スパゲッティ

A: 你 在 干 什么 呢？
Nǐ zài gàn shénme ne?

B: 我 在 看 ＿＿＿＿＿＿ 呢。
Wǒ zài kàn ne.

A: 你 会 做 菜 吗？
Nǐ huì zuò cài ma?

B: 当然 啦。你 喜欢 吃 ＿＿＿＿＿＿ 菜 吗？（ジャンル（国名））
Dāngrán la. Nǐ xǐhuan chī cài ma?

A: 我 很 喜欢 吃 ＿＿＿＿＿＿ 菜。
Wǒ hěn xǐhuan chī cài.

B: 那，我 给 你 做 ＿＿＿＿＿＿ 吧。（具体的な料理名）
Nà, wǒ gěi nǐ zuò ba.

★ 当然 dāngrán 形 当然だ　啦 la 助 感嘆の口調を表す

2 次の語句を発音して覚えましょう。その上で，問題1を参考にして会話を組み立てましょう。

DL 92
CD 92

意大利 Yìdàlì 名 イタリア
西班牙 Xībānyá 名 スペイン
韩国 Hánguó 名 韓国
蔬菜汤 shūcàitāng 名 （イタリア料理の）ミネストローネ
海鲜饭 hǎixiānfàn 名 （スペイン料理の）パエリア
紫菜包饭 zǐcàibāofàn 名 キムパ，韓国風のり巻き

3 次の中国語の文の（　）に"着""的""上""里""会"から適語を入れて，日本語に訳しましょう。

1. 你（　　　）游泳 吗？ ＿＿＿＿＿＿＿＿＿＿
Nǐ yóuyǒng ma?

2. 黑板（　　　）有 很 多 字。 ＿＿＿＿＿＿＿＿＿＿
Hēibǎn yǒu hěn duō zì.

3. 房间（　　　）有 很 多 书。 ＿＿＿＿＿＿＿＿＿＿
Fángjiān yǒu hěn duō shū.

4. 教室 的 门 开（　　　）呢。 ＿＿＿＿＿＿＿＿＿＿
Jiàoshì de mén kāi ne.

5. 妈妈 做（　　　）饺子 很 好吃。 ＿＿＿＿＿＿＿＿＿＿
Māma zuò jiǎozi hěn hǎochī.

4 次の日本語を中国語に訳したときに，下線部にあたるものを簡体字で書きましょう。

1. 彼は<u>泳ぐ</u>のが好きだ。

____

2. 部屋に<u>写真</u>がたくさん貼ってある。

____

3. 学校の前に<u>郵便局</u>があります。

____

5 本文の内容と各 Step の説明をヒントに自分のことを説明してみましょう。

テーマ：○○語で話す

Step. 1 我 很 喜欢 __________ ，所以 在 大学 选了 __________ 课。(国名、言語)
Wǒ hěn xǐhuan , suǒyǐ zài dàxué xuǎnle kè.

Step. 2 以前 我 不 会 说 __________ ，
Yǐqián wǒ bú huì shuō ,

现在 我 会 说 一点 __________ 了。(Step.1 から)
xiànzài wǒ huì shuō yìdiǎn le.

Step. 3 我们 学校 有 很 多 __________ 留学生。(国や地域)
Wǒmen xuéxiào yǒu hěn duō liúxuéshēng.

我 想 用 __________ 和 __________ 聊天儿。(言語、相手の名前)
Wǒ xiǎng yòng hé liáotiānr.

(★ 选 xuǎn 動 選択する，履習する　一点 yìdiǎn 量 少し，ちょっと　用 yòng 動 使う，用いる
聊天儿 liáotiānr 動 おしゃべりする)

学籍番号　　　　　　　　　　名前

1 次の写真・絵をヒントに，中国語の会話を完成させましょう。

咖啡馆
kāfēiguǎn

哥哥 的 电脑
gēge de diànnǎo

★ 电脑 diànnǎo [名] パソコン

A: 喂，你 在 哪儿 呢？　　★ 喂 wéi [感] もしもし（電話での表現）
Wéi, nǐ zài nǎr ne?

B: 我 在 ＿＿＿＿ 写 报告 呢。（どこで（いま居る場所））
Wǒ zài ＿＿＿＿ xiě bàogào ne.

A: 你 怎么 不 在 ＿＿＿＿ 写？（どこで（いつもの場所））　★ 怎么 zěnme [代] なぜ，どうして
Nǐ zěnme bú zài ＿＿＿＿ xiě?

B: 我 的 电脑 坏 了，＿＿＿＿ 不 让 我 用 ＿＿＿＿ 的 电脑。
Wǒ de diànnǎo huài le, ＿＿＿＿ bú ràng wǒ yòng ＿＿＿＿ de diànnǎo.
（誰が、どこの or 誰の）

A: 那 你 用 我 的 吧。我 在 ＿＿＿＿。（どこで（電話をした方がいる場所））
Nà nǐ yòng wǒ de ba. Wǒ zài ＿＿＿＿.

B: 哪个 ＿＿＿＿？我 现在 就 去。（どこで（電話をした方がいる場所））
Nǎge ＿＿＿＿? Wǒ xiànzài jiù qù.

★ 就 jiù [副] すぐに

2 次の語句を発音して覚えましょう。その上で，問題1を参考にして会話を組み立てましょう。　DL 93　CD93

国立竞技场 Guólìjìngjìchǎng [名] 国立競技場　　看 kàn [動] 見る
足球比赛 zúqiú bǐsài サッカーの試合　　家里 jiāli いえ
妈妈 māma [名] お母さん，母

3 次の中国語の文の（　）に“不”“还”“很”“让”“把”から適語を入れて，日本語に訳しましょう。

1. 我（　　　）作业 做完 了。＿＿＿＿＿＿＿＿
Wǒ zuòyè zuòwán le.
（★ 作业 zuòyè [名] 宿題）

2. 妈妈 不（　　　）我 出去 玩儿。＿＿＿＿＿＿＿＿
Māma bú wǒ chūqu wánr.

3. 那么 多 菜，我 吃（　　　）完。＿＿＿＿＿＿＿＿
Nàme duō cài, wǒ chī wán.

4. 我 最近 学习（　　　）忙。＿＿＿＿＿＿＿＿
Wǒ zuìjìn xuéxí máng.

5. 吃完 饭 后，我（　　　）点了 甜点。＿＿＿＿＿＿＿＿
Chīwán fàn hòu, wǒ diǎnle tiándiǎn.

4 次の日本語を中国語に訳したときに，下線部にあたるものを簡体字で書きましょう。

1. レストランで料理を<u>注文する</u>。

____

2. 先生が歩いて教室に<u>入って</u>行った。

____

3. わたしは<u>食べ終われない</u>のではと心配です。

____

5 本文の内容と各 Step の説明をヒントに自分のことを説明してみましょう。

テーマ：

Step. 1 ____________ 我 和 ____________ 出去 吃饭 了。（いつ、誰々と）
wǒ hé chūqu chīfàn le.

Step. 2 我 点了 ________ 个 菜 和 一 个 甜点。（数）
Wǒ diǎnle ge cài hé yí ge tiándiǎn.

Step. 3 我们 点 的 菜 ____________ 。（多すぎる"太多了"か、少なすぎる"太少了"か）
Wǒmen diǎn de cài .

____________ 担心 我们 ____________ 。（誰が、★をヒントに）
dānxīn wǒmen .

（★ 吃不完 chībuwán 食べ終わらない　吃不够 chībugòu 食べ足りない）

学籍番号　　　　　　　　名前

1 次の写真・絵をヒントに，中国語の会話を完成させましょう。

困
kùn

考试
kǎoshì

★ 困 kùn 形 眠たい
考试 kǎoshì 名 テスト，試験
動 テスト・試験する

A: 你 怎么 了？
Nǐ zěnme le?

★ 怎么了 zěnme le どうしたのですか（様子を尋ねる）

B: 我 ＿＿＿＿＿＿ 了。
Wǒ le.

A: 你 早上 是 几 点 起 的？
Nǐ zǎoshang shì jǐ diǎn qǐ de?

★ 起 qǐ 動 起きる

B: ＿＿＿＿＿＿ 。（時刻）

A: 起得 太 晚 了。你 为什么 不 早点儿 起床？
Qǐde tài wǎn le. Nǐ wèishénme bù zǎodiǎnr qǐchuáng?

★ 太～了 tài~le ～すぎる　为什么 wèishénme なぜ，どうして（理由をたずねる）　早点儿 zǎodiǎnr はやめに

B: 快 ＿＿＿＿＿＿ 了，我 最近 晚上 睡得 很 晚。早上 起不来。
Kuài le, wǒ zuìjìn wǎnshang shuìde hěn wǎn. Zǎoshang qǐbulái.

DL 94
CD 94

2 次の語句を発音して覚えましょう。その上で，問題 1 を参考にして会話を組み立てましょう。

累 lèi 形 疲れている　　饿 è 形 腹が減っている
比赛 bǐsài 名 試合　　开学 kāi xué 学期が始まる
开会 kāi huì 会議をする，会議に出る　　做报告 zuò bàogào 報告・発表をする

3 次の中国語の文の（　）に“是”“快”“又”“被”“得”から適語を入れて，日本語に訳しましょう。

1. 我 最近 睡（　　　）很 晚。＿＿＿＿＿＿
Wǒ zuìjìn shuì hěn wǎn.

2. 今天 我（　　　）去晚 了。＿＿＿＿＿＿
Jīntiān wǒ qùwǎn le.

3. 我（　　　）十 点 到 的。＿＿＿＿＿＿
Wǒ shí diǎn dào de.

4. （　　　）比赛 了。＿＿＿＿＿＿
bǐsài le.

5. 我（　　　）老师 批评 了。＿＿＿＿＿＿
Wǒ lǎoshī pīpíng le.

4 次の日本語を中国語に訳したときに，下線部にあたるものを簡体字で書きましょう。

1. 朝いつも起きられない。

____

2. わたしはまた先生に注意された。

____

3. 明日また来てください。

____

5 本文の内容と各 Step の説明をヒントに**何かのための夜更かしで遅刻する自分を想定して**説明してみましょう。

テーマ：何かの理由で遅刻する

Step. 1 快 ______________ 了。（イベントや用事）
Kuài le.

我 每天 在 家里 学习。
Wǒ měitiān zài jiāli xuéxí.

Step. 2 我 昨天 晚上 睡得 也 ______________ 。（就寝時刻や睡眠の状態）
Wǒ zuótiān wǎnshang shuìde yě .

Step. 3 今天 我 上课 又 迟到 了，又 被 ______________ 批评 了。（誰に）
Jīntiān wǒ shàngkè yòu chídào le, yòu bèi pīpíng le.

★ 晚上 wǎnshang [名] 夜

ご採用の先生方へ

本テキストに付録している plus+Media の文法解説動画の中に確認問題を挿入しています。この文法解説動画の確認問題は、次に説明する CheckLink に対応しています（このテキスト自体には CheckLink 対応の問題はありませんのでご注意ください）。

CheckLink を使用しなくても問題ありませんが、反転授業などにご活用いただける、授業活性化に役立つツールです。右ページをご参考いただき、ぜひご活用ください。

なお、付録の内容などの詳しい説明は、教授用資料にありますので、そちらもご参考いただけますと幸いです。

本書はCheckLink（チェックリンク）対応テキストです。

CheckLinkのアイコンが表示されている設問は、CheckLinkに対応しています。

CheckLinkを使用しなくても従来通りの授業ができますが、特色をご理解いただき、授業活性化のためにぜひご活用ください。

CheckLinkの特色について

大掛かりで複雑な従来のe-learningシステムとは異なり、CheckLinkのシステムは大きな特色として次の３点が挙げられます。

1. これまで行われてきた教科書を使った授業展開に大幅な変化を加えることなく、専門的な知識なしにデジタル学習環境を導入することができる。
2. PC教室やCALL教室といった最新の機器が導入された教室に限定されることなく、普通教室を使用した授業でもデジタル学習環境を導入することができる。
3. 授業中での使用に特化し、教師・学習者双方のモチベーション・集中力をアップさせ、授業自体を活性化することができる。

▶教科書を使用した授業に「デジタル学習環境」を導入できる

本システムでは、学習者は教科書のCheckLinkのアイコンが表示されている設問にPCやスマートフォン、アプリからインターネットを通して解答します。そして教師は、授業中にリアルタイムで解答結果を把握し、正解率などに応じて有効な解説を行うことができるようになっています。教科書自体は従来と何ら変わりはありません。解答の手段としてCheckLinkを使用しない場合でも、従来通りの教科書として使用して授業を行うことも、もちろん可能です。

▶教室環境を選ばない

従来の多機能なe-learning教材のように学習者側の画面に多くの機能を持たせることはせず、「解答する」ことに機能を特化しました。PCだけでなく、一部タブレット端末やスマートフォン、アプリからの解答も可能です。したがって、PC教室やCALL教室といった大掛かりな教室は必要としません。普通教室でもCheckLinkを用いた授業が可能です。教師はPCだけでなく、一部タブレット端末やスマートフォンからも解答結果の確認をすることができます。

▶授業を活性化するための支援システム

本システムは予習や復習のツールとしてではなく、授業中に活用されることで真価を発揮する仕組みになっています。CheckLinkというデジタル学習環境を通じ、教師と学習者双方が授業中に解答状況などの様々な情報を共有することで、学習者はやる気を持って解答し、教師は解答状況に応じて効果的な解説を行う、という好循環を生み出します。CheckLinkは、普段の授業をより活力のあるものへと変えていきます。

上記３つの大きな特色以外にも、掲示板などの授業中に活用できる機能を用意しています。従来通りの教科書としても使用はできますが、ぜひCheckLinkの機能をご理解いただき、普段の授業をより活性化されたものにしていくためにご活用ください。

CheckLink の使い方

CheckLinkは、PCや一部のタブレット端末、スマートフォン、アプリを用いて、この教科書にある CheckLink のアイコン表示のある設問に解答するシステムです。

・初めてCheckLinkを使う場合、以下の要領で**「学習者登録」**と**「教科書登録」**を行います。
・一度登録を済ませれば、あとは毎回**「ログイン画面」**から入るだけです。CheckLinkを使う教科書が増えたときだけ、改めて**「教科書登録」を行ってください。**

CheckLink URL

https://checklink.kinsei-do.co.jp/student/

登録は **CheckLink 学習者用アプリ**が便利です。ダウンロードはこちらから ▶▶▶

▶学習者登録 (PC／タブレット／スマートフォンの場合)

①上記URLにアクセスすると、右のページが表示されます。学校名を入力し「ログイン画面へ」を選択してください。
PCの場合は「PC用はこちら」を選択してPC用ページを表示します。同様に学校名を入力し「ログイン画面へ」を選択してください。

②ログイン画面が表示されたら**「初めての方はこちら」**を選択し「学習者登録画面」に入ります。

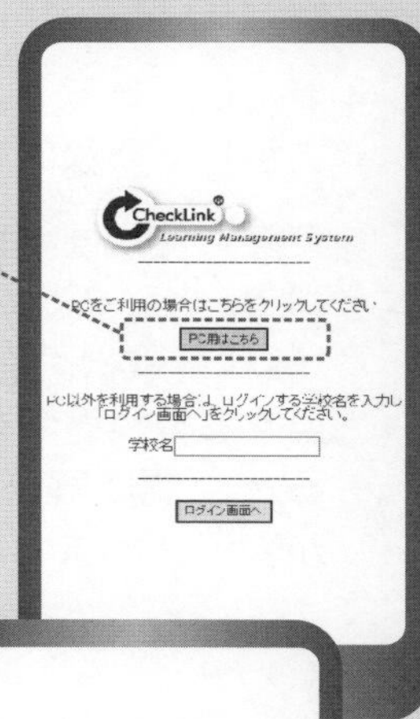

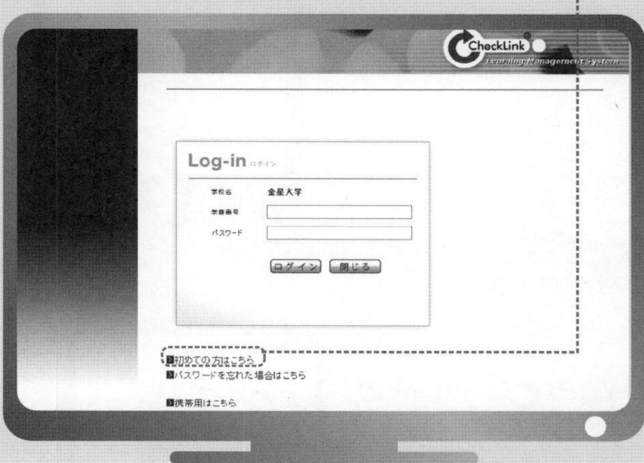

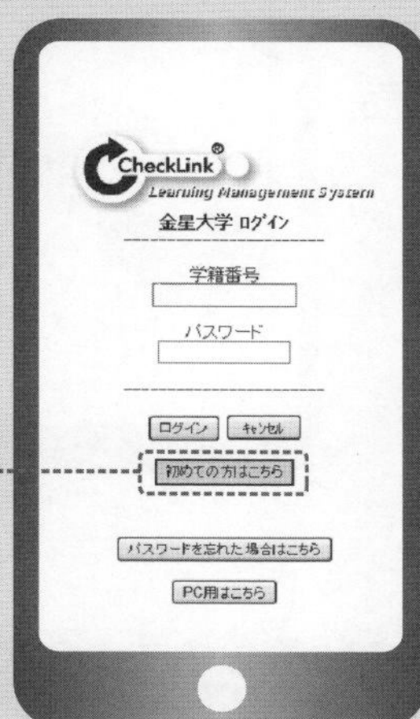

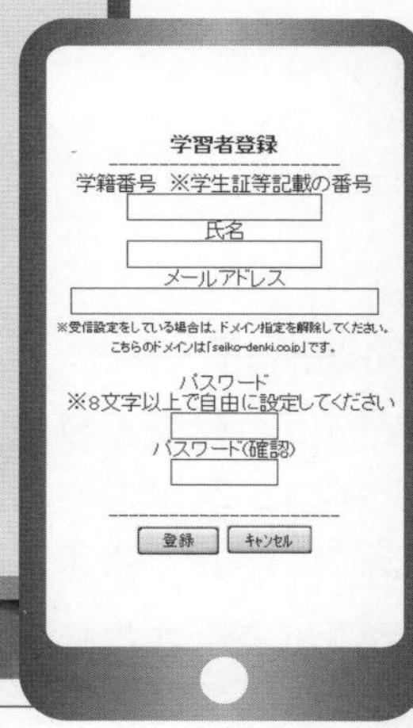

③自分の学籍番号、氏名、メールアドレス(学校のメールなど**PCメールを推奨**)を入力し、次に**任意のパスワード**を8桁以上20桁未満(半角英数字)で入力します。なお、学籍番号はパスワードとして使用することはできません。

④「パスワード確認」は、❸で入力したパスワードと同じものを入力します。

⑤最後に「登録」ボタンを選択して登録は完了です。次回からは、「ログイン画面」から学籍番号とパスワードを入力してログインしてください。

▶教科書登録

①ログイン後、メニュー画面から「教科書登録」を選び（PCの場合はその後「新規登録」ボタンを選択)、「教科書登録」画面を開きます。

②教科書と受講する授業を登録します。
教科書の最終ページにある、**教科書固有番号**のシールをはがし、印字された**16桁の数字とアルファベット**を入力します。

③授業を担当される先生から連絡された**11桁の授業ID**を入力します。

④最後に「登録」ボタンを選択して登録は完了です。

⑤実際に使用する際は「教科書一覧」（PCの場合は「教科書選択画面」）の該当する教科書名を選択すると、「問題解答」の画面が表示されます。

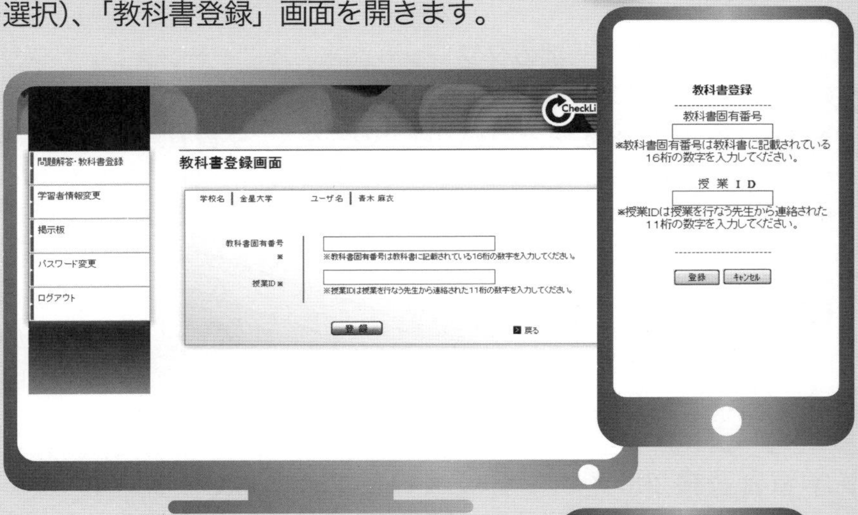

▶問題解答

①問題は教科書を見ながら解答します。この教科書の CheckLink のアイコン表示のある設問に解答できます。

②問題が表示されたら選択肢を選びます。

③表示されている問題に解答した後、「解答」ボタンを選択すると解答が登録されます。

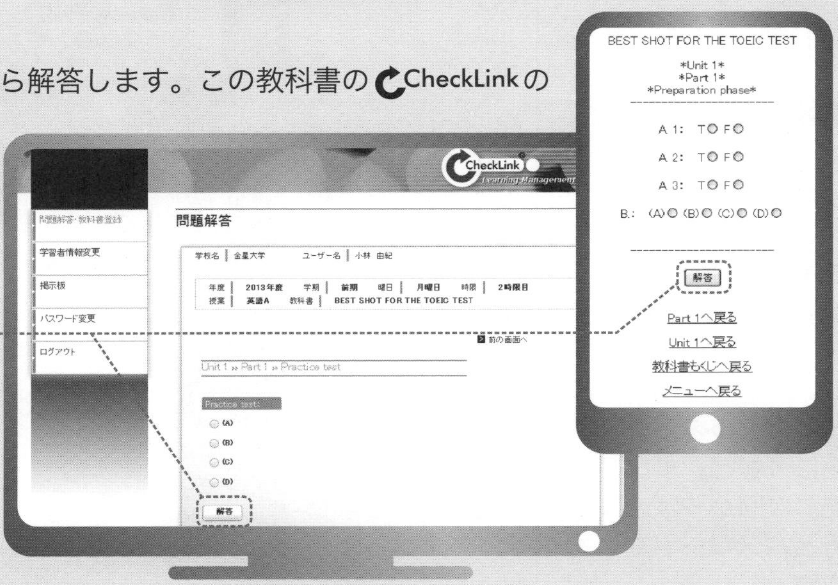

▶CheckLink 推奨環境

PC

推奨 OS

Windows 7, 10 以降
MacOS X 以降

推奨ブラウザ

Internet Explorer 8.0 以上
Firefox 40.0 以上
Google Chrome 50 以上
Safari

携帯電話・スマートフォン

3G 以降の携帯電話（docomo, au, softbank）
iPhone, iPad（iOS9 ～）
Android OS スマートフォン、タブレット

・最新の推奨環境についてはウェブサイトをご確認ください。
・上記の推奨環境を満たしている場合でも、機種によってはご利用いただけない場合もあります。また、推奨環境は技術動向等により変更される場合があります。

▶CheckLink 開発

CheckLink は奥田裕司 福岡大学教授、正興 IT ソリューション株式会社、株式会社金星堂によって共同開発されました。

CheckLink は株式会社金星堂の登録商標です。

CheckLink の使い方に関するお問い合わせは…

正興 IT ソリューション株式会社　CheckLink 係

e-mail　checklink@seiko-denki.co.jp

plus+Media®

このテキストのメインページ
www.kinsei-do.co.jp/plusmedia/0730

次のページの QR コードを読み取ると直接ページにジャンプできます

オンライン映像配信サービス「plus+Media」について

本テキストの映像は plus+Media ページ（www.kinsei-do.co.jp/plusmedia）から、ストリーミング再生でご利用いただけます。手順は以下に従ってください。

ログイン

●ご利用には、ログインが必要です。
サイトのログインページ（www.kinsei-do.co.jp/plusmedia/login）へ行き、plus+Media パスワード（次のページのシールをはがしたあとに印字されている数字とアルファベット）を入力します。

●パスワードは各テキストにつき１つです。
有効期限は、はじめてログインした時点から１年間になります。

ログインページ

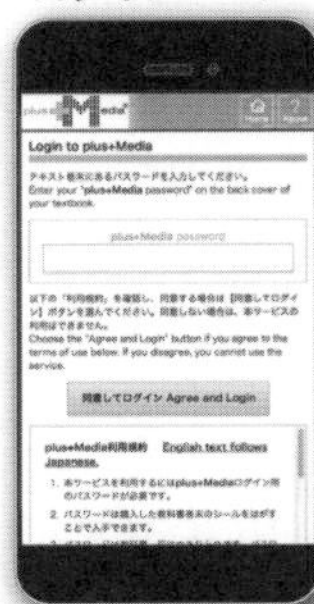

[利用方法]

次のページにある QR コード、もしくは plus+Media トップページ（www.kinsei-do.co.jp/plusmedia）から該当するテキストを選んで、そのテキストのメインページにジャンプしてください。

plus+Media トップ

メインページ

メニューページ

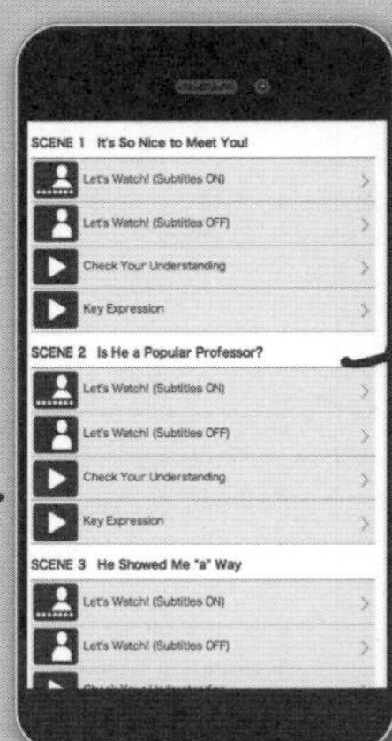

再生画面

「Video」「Audio」をタッチすると、それぞれのメニューページにジャンプしますので、そこから該当する項目を選べば、ストリーミングが開始されます。

[推奨環境]

iOS (iPhone, iPad)	**OS:** iOS 12 以降 **ブラウザ :** 標準ブラウザ	Android	**OS:** Android 6 以降 **ブラウザ :** 標準ブラウザ、Chrome
PC	**OS:** Windows 7/8/8.1/10, MacOS X　**ブラウザ:** Internet Explorer 10/11, Microsoft Edge, Firefox 48以降, Chrome 53以降, Safari		

※最新の推奨環境についてはウェブサイトをご確認ください。
※上記の推奨環境を満たしている場合でも、機種によってはご利用いただけない場合もあります。また、推奨環境は技術動向等により変更される場合があります。予めご了承ください。

本テキストをご使用の方は以下の動画を視聴することができます。

発音解説・練習動画

解説パート

李軼倫先生が発音のコツをわかりやすく解説

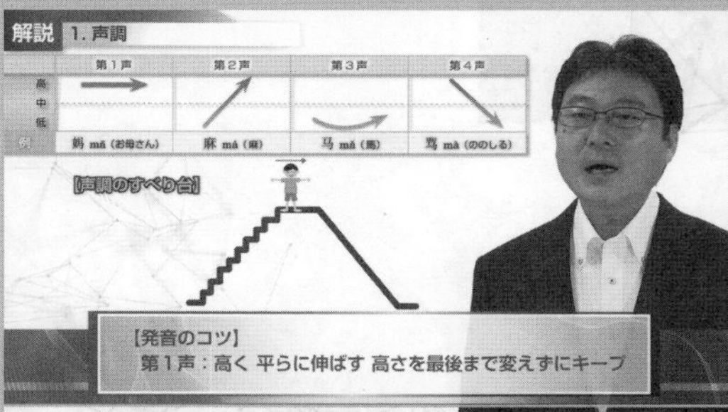

練習パート

チャンツを活用して、リズムに合わせて発音練習

文法解説動画

金子真生先生が文法について簡潔に解説

確認問題は CheckLink で解答状況を確認

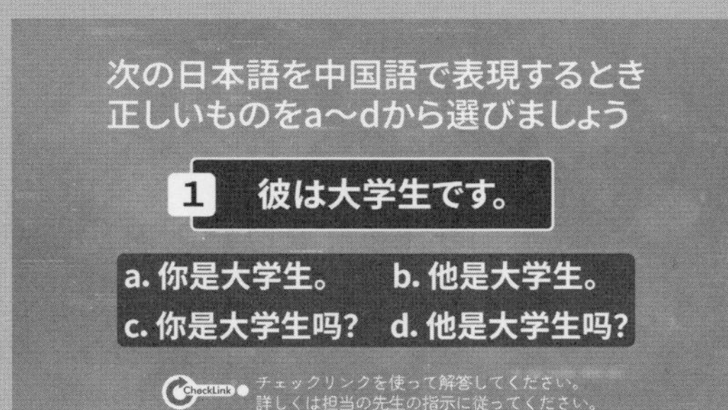

日中異文化理解動画

会話シーン

解説シーン

- 日本を舞台とした会話シーンでは、日本人学生と留学生のやり取りから、日中異文化を描いています。
- 解説シーンでは洪潔清先生による異文化理解の説明があります。

◀ここからはがして下さい

このシールをはがすと
plus⁺Media 利用のための
パスワードが
記載されています。
一度はがすと元に戻すことは
できませんのでご注意下さい。

730 初級中国語
講読編　改訂版

◀ここからはがして下さい

このシールをはがすと
CheckLink 利用のための
「教科書固有番号」が
記載されています。
一度はがすと元に戻すことは
できませんのでご注意下さい。

730 初級中国語　講読編
改訂版

著　者
奥村佳代子
塩山　正純
張　　軼欧

表紙デザイン
(株)欧友社

イラスト
川野　郁代

初級中国語　講読編　改訂版
～自分のことばで表現する中国語～

2023年1月9日　初版発行

著　者　©奥村佳代子
塩山　正純
張　　軼欧
発行者　福岡正人
発行所　株式会社　**金星堂**

〒101-0051　東京都千代田区神田神保町 3-21
Tel. 03-3263-3828　Fax. 03-3263-0716
E-mail : text@kinsei-do.co.jp
URL : http://www.kinsei-do.co.jp

編集担当　川井義大　2-00-0730
組版／株式会社欧友社　印刷・製本／興亜産業

ISBN978-4-7647-0730-6 C1087

中国語音節表

	韻母／声母	介音なし																	
		a	o	e	-i[ʅ]	-i[ɿ]	er	ai	ei	ao	ou	an	en	ang	eng	-ong	i[i]	ia	iao
	ゼロ	a	o	e			er	ai	ei	ao	ou	an	en	ang	eng		yi	ya	yao
唇音	b	ba	bo					bai	bei	bao		ban	ben	bang	beng		bi		biao
	p	pa	po					pai	pei	pao	pou	pan	pen	pang	peng		pi		piao
	m	ma	mo	me				mai	mei	mao	mou	man	men	mang	meng		mi		miao
	f	fa	fo						fei		fou	fan	fen	fang	feng				
舌尖音	d	da		de				dai	dei	dao	dou	dan	den	dang	deng	dong	di		diao
	t	ta		te				tai		tao	tou	tan		tang	teng	tong	ti		tiao
	n	na		ne				nai	nei	nao	nou	nan	nen	nang	neng	nong	ni		niao
	l	la		le				lai	lei	lao	lou	lan		lang	leng	long	li	lia	liao
舌根音	g	ga		ge				gai	gei	gao	gou	gan	gen	gang	geng	gong			
	k	ka		ke				kai	kei	kao	kou	kan	ken	kang	keng	kong			
	h	ha		he				hai	hei	hao	hou	han	hen	hang	heng	hong			
舌面音	j																ji	jia	jiao
	q																qi	qia	qiao
	x																xi	xia	xiao
そり舌音	zh	zha		zhe	zhi			zhai	zhei	zhao	zhou	zhan	zhen	zhang	zheng	zhong			
	ch	cha		che	chi			chai		chao	chou	chan	chen	chang	cheng	chong			
	sh	sha		she	shi			shai	shei	shao	shou	shan	shen	shang	sheng				
	r			re	ri					rao	rou	ran	ren	rang	reng	rong			
舌歯音	z	za		ze		zi		zai	zei	zao	zou	zan	zen	zang	zeng	zong			
	c	ca		ce		ci		cai		cao	cou	can	cen	cang	ceng	cong			
	s	sa		se		si		sai		sao	sou	san	sen	sang	seng	song			

介音 i						介音 u									介音 ü			
iou	ian	in	iang	ing	iong	u	ua	uo	uai	uei	uan	uen	uang	ueng	ü	üe	üan	ün
you	yan	yin	yang	ying	yong	wu	wa	wo	wai	wei	wan	wen	wang	weng	yu	yue	yuan	yun
	bian	bin		bing		bu												
	pian	pin		ping		pu												
miu	mian	min		ming		mu												
						fu												
diu	dian			ding		du		duo		dui	duan	dun						
	tian			ting		tu		tuo		tui	tuan	tun						
niu	nian	nin	niang	ning		nu		nuo			nuan				nü	nüe		
liu	lian	lin	liang	ling		lu		luo			luan	lun			lü	lüe		
						gu	gua	guo	guai	gui	guan	gun	guang					
						ku	kua	kuo	kuai	kui	kuan	kun	kuang					
						hu	hua	huo	huai	hui	huan	hun	huang					
jiu	jian	jin	jiang	jing	jiong										ju	jue	juan	jun
qiu	qian	qin	qiang	qing	qiong										qu	que	quan	qun
xiu	xian	xin	xiang	xing	xiong										xu	xue	xuan	xun
						zhu	zhua	zhuo	zhuai	zhui	zhuan	zhun	zhuang					
						chu	chua	chuo	chuai	chui	chuan	chun	chuang					
						shu	shua	shuo	shuai	shui	shuan	shun	shuang					
						ru	rua	ruo		rui	ruan	run						
						zu		zuo		zui	zuan	zun						
						cu		cuo		cui	cuan	cun						
						su		suo		sui	suan	sun						

西 安

四 川

云 南

呼和浩特
黑龙江省
哈尔滨
长春
吉林省
内蒙古自治区
沈阳
辽宁省
华北
东北
呼和浩特
北京市
天津市
石家庄
宁夏回族自治区
银川
山西省
太原
河北省
济南
山东省
西宁
兰州
甘肃省
西安
陕西省
郑州
河南省
江苏省
华东
安徽省
南京
上海市
合肥
四川省
成都
湖北省
武汉
杭州
浙江省
华中
重庆市
南昌
长沙
湖南省
江西省
福州
福建省
贵州省
贵阳
台北
台湾
昆明
云南省
广西壮族自治区
广东省
广州
华南
香港
南宁
澳门
海口
海南省

北　京

上　海